기초에서 실무까지

# 정보화 실무

EXCEL 2021 엑셀

교재에서 사용하는 실습 파일 및 완성 파일은
교학사 홈페이지의 [자료실]-[출판]-[단행본]으로 접속하여
'정보화 실무 엑셀 2021'로 검색한 후 다운로드하여 사용하세요.

# Contents

**SECTION 01 엑셀 2021 시작하기**
- ① 엑셀 2021 실행하기 ... 4
- ② 엑셀 2021 화면 구성 알아보기 ... 5
- ③ 문서 불러와서 화면 확대/축소하기 ... 6
- ④ 간단한 문자 입력하고 저장하기 ... 8

**SECTION 02 데이터 입력하기**
- ① 텍스트/숫자/날짜 입력하기 ... 12
- ② 기호 입력하기 ... 13
- ③ 한자 입력하기 ... 15

**SECTION 03 자동 채우기**
- ① 자동 채우기로 데이터 입력하기 ... 18
- ② 자동 채우기 옵션 단추 활용하기 ... 20

**SECTION 04 워크시트 관리하고 셀 크기 설정하기**
- ① 워크시트 추가하고 삭제하기 ... 26
- ② 셀 너비와 높이 설정하기 ... 27

**SECTION 05 셀 서식 설정하기**
- ① 글꼴 및 맞춤 서식 설정하기 ... 32
- ② 테두리 및 배경 서식 설정하기 ... 34

**SECTION 06 데이터 표시 형식 설정하기**
- ① 숫자 데이터의 표시 형식 설정하기 ... 38
- ② 사용자 지정 표시 형식 설정하기 ... 39

**SECTION 07 그림 삽입하고 변경하기**
- ① 그림 삽입하고 위치와 크기 바꾸기 ... 44
- ② 셀을 그림으로 복사하여 붙여넣기 ... 47

**SECTION 08 워크시트 인쇄하기**
- ① 인쇄 영역 설정하기 ... 50
- ② 페이지 설정하기 ... 52

**SECTION 09 수식 입력과 셀 참조**
- ① 수식 입력하기 ... 54
- ② 셀 참조하기 ... 56

**SECTION 10 함수 기본 익히기**
- ① 자동 합계와 평균 구하기 ... 60
- ② 함수 마법사 사용하기 ... 62

## SECTION 11 셀과 수식 입력줄에서 함수 입력하기
❶ 셀 개수 세기 ........................................................................ 66
❷ 높은 값과 낮은 값을 기준으로 데이터 찾기 ............................ 68

## SECTION 12 순위 매기기와 조건부 셀 개수 구하기
❶ 순위 매기기 ......................................................................... 70
❷ 조건에 맞는 셀 개수 구하기 .................................................. 71
❸ 수식 입력줄을 이용하여 조건에 맞는 셀 개수 구하기 ............. 73

## SECTION 13 중첩 함수 활용하기
❶ 조건에 따라 다른 값 표시하기 .............................................. 76
❷ 소수점 반올림하기 ............................................................... 78
❸ 데이터 검색하여 표시하기 .................................................... 79

## SECTION 14 조건부 서식 사용하기
❶ 셀 강조하여 표시하기 .......................................................... 82
❷ 새 규칙으로 조건부 서식 설정하기 ........................................ 83

## SECTION 15 차트 활용하기
❶ 차트 삽입하기 ..................................................................... 86
❷ 차트 서식 변경하기 .............................................................. 87
❸ 차트 종류 변경하기 .............................................................. 89

## SECTION 16 자동 필터로 데이터 추출하기
❶ 텍스트 데이터 추출하기 ....................................................... 92
❷ 숫자 데이터 추출하기 .......................................................... 94

## SECTION 17 데이터 정렬과 부분합
❶ 데이터 정렬하기 .................................................................. 98
❷ 부분합 삽입하기 ................................................................. 100

## SECTION 18 데이터 유효성 검사하기
❶ 데이터 입력 범위 설정하기 ................................................. 104
❷ 목록을 이용한 데이터 입력하기 .......................................... 106

## SECTION 19 피벗 테이블로 데이터 정리하기
❶ 피벗 테이블 만들기 ............................................................ 110
❷ 피벗 테이블 설정하기 ......................................................... 111

## SECTION 20 목표값 찾기와 데이터 표
❶ 목표값 찾기 ....................................................................... 116
❷ 데이터 표 .......................................................................... 118

Excel 2021

# 01
SECTION

# 엑셀 2021 시작하기

엑셀은 데이터의 입력과 편집, 수식과 함수를 이용한 계산 작업, 데이터 검색과 분석 등 여러 가지 기능을 수행하는 대표적인 사무용 프로그램입니다. 여기서는 앞으로 여러분이 엑셀을 사용하기 위해 가장 기본이 되는 사항들을 알아보겠습니다.

## 1 엑셀 2021 실행하기

**1** 작업 표시줄에서 시작()을 클릭하고 [모두]를 눌러 [Excel]을 선택합니다. 엑셀 2021 시작 화면이 나타나면 [새 통합 문서]를 클릭합니다.

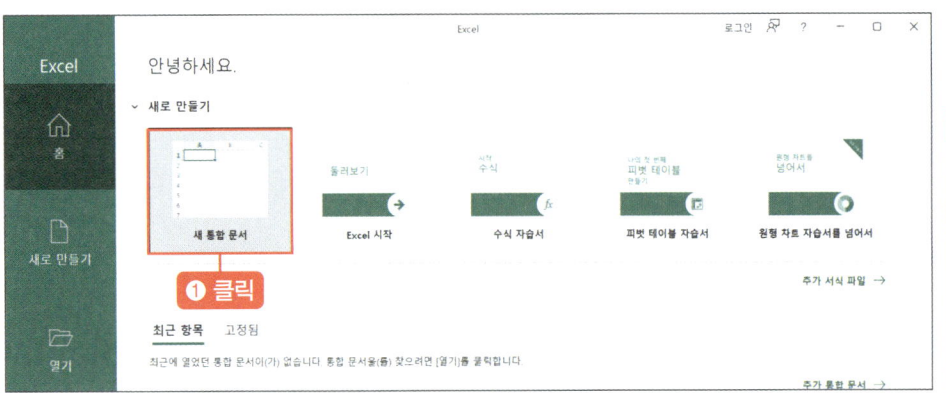

**TIP**
시작 화면은 사용자가 엑셀을 시작할 때 새 통합 문서를 만들거나 기존 문서를 불러올 수 있도록 도와줍니다.

**2** 통합 문서 창이 나타납니다. 화면에서 가장 넓은 부분을 워크시트(Worksheet)라고 하는데 대부분의 작업이 여기에서 이루어집니다.

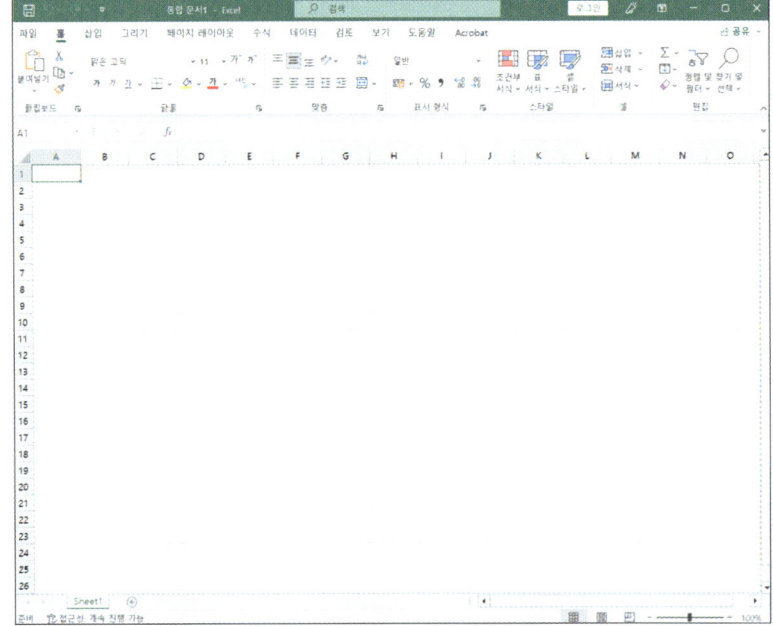

## 2 엑셀 2021 화면 구성 알아보기

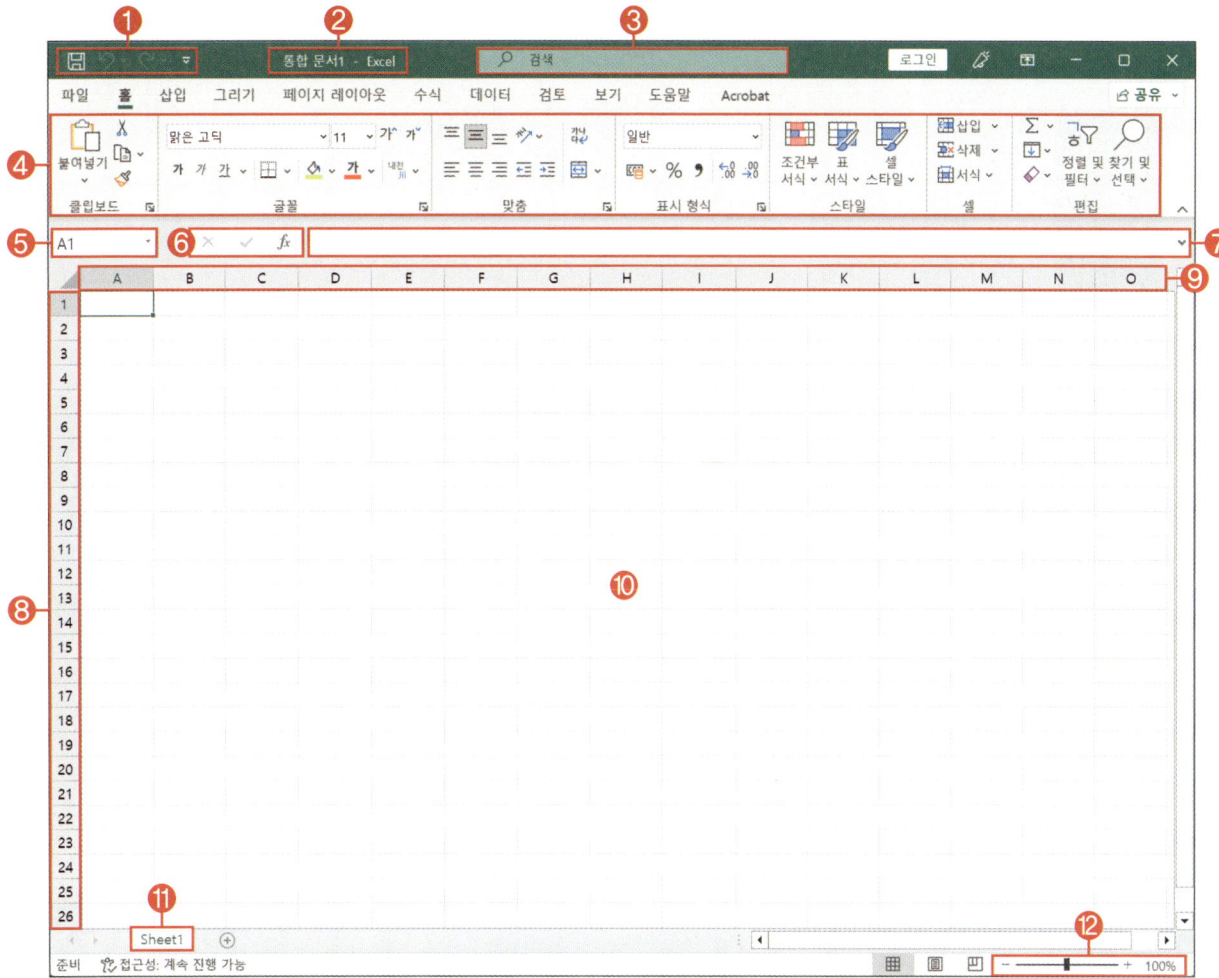

❶ **빠른 실행 도구 모음** 자주 사용하는 명령을 등록해 두는 도구 모음입니다.

❷ **제목 표시줄** 현재 작업 중인 통합 문서의 이름입니다. 저장하지 않은 문서의 이름은 '통합 문서1', '통합 문서2'와 같이 표시됩니다.

❸ **검색** 메뉴를 일일이 찾지 않고, 명령어·기능·도움말·콘텐츠를 즉시 검색하여 실행합니다.

❹ **리본 메뉴** 엑셀에서 사용하는 기능을 용도별로 분류하여 모아 놓은 곳입니다. 여기에서 필요한 명령을 찾아 실행합니다.

❺ **이름 상자** 선택한 셀의 위치나 셀의 범위 이름이 표시됩니다.

❻ **함수 삽입** 함수 마법사 대화상자를 실행하여 함수를 빠르게 입력합니다.

❼ **수식 입력줄** 셀에 입력된 데이터나 수식을 표시하며, 직접 입력 및 수정할 수 있습니다.

❽ **행 머리글** 행 이름을 1, 2, 3,… 숫자로 표시하며, 최대 1,048,576행까지 지원합니다.

❾ **열 머리글** 열의 이름을 A, B, C,… 알파벳으로 표시하며, 최대 16,384(XFD)열까지 지원합니다.

❿ **워크시트** 데이터를 입력하고 계산하는 작업 공간입니다. 행과 열이 만나서 이루어지는 사각형의 셀로 구성됩니다.

⓫ **시트 탭** 워크시트의 이름을 표시합니다.

⓬ **확대/축소 슬라이드 막대** 슬라이드 막대를 좌우로 움직이면 엑셀의 워크시트 창이 확대/축소됩니다.

# 3 문서 불러와서 화면 확대/축소하기

**1** 엑셀 2021 시작 화면에서 [열기]-[찾아보기]를 선택합니다. [열기] 대화상자가 나타나면 다운로드한 예제 파일이 있는 폴더에서 '중간고사.xlsx' 파일을 선택한 후 [열기]를 클릭하여 파일을 불러옵니다.

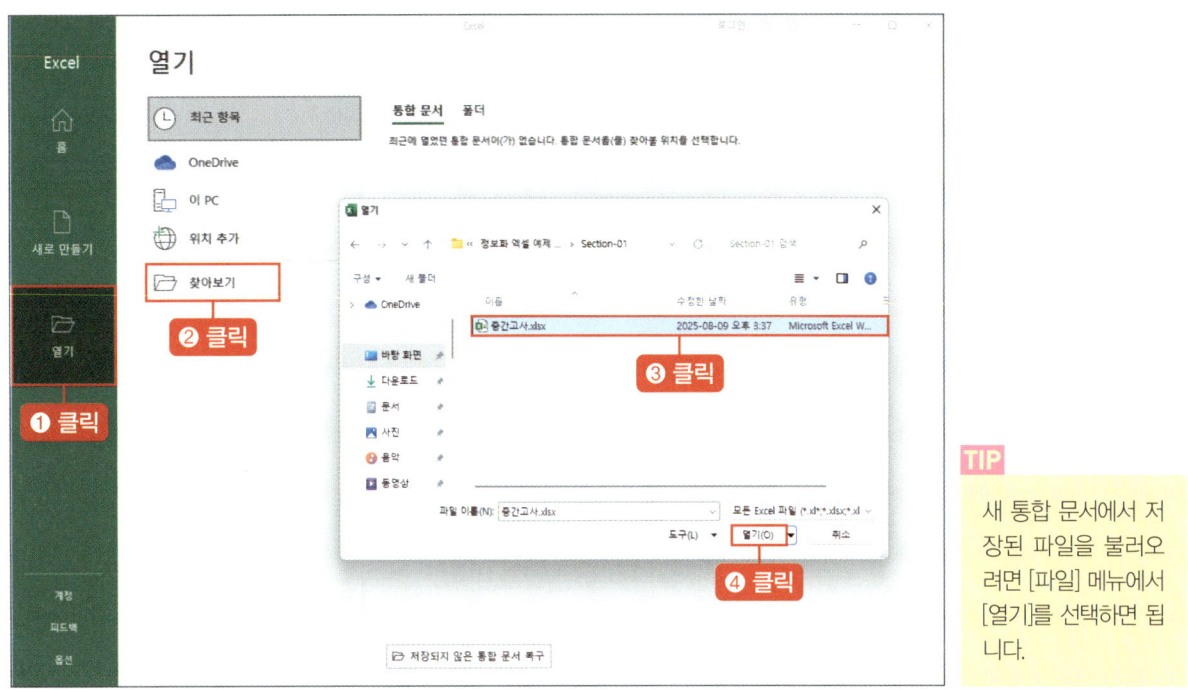

**TIP**
새 통합 문서에서 저장된 파일을 불러오려면 [파일] 메뉴에서 [열기]를 선택하면 됩니다.

**2** 리본 메뉴의 [보기] 탭에서 [확대/축소] 그룹에 있는 [확대/축소]를 클릭합니다. [확대/축소] 대화상자가 실행되면 배율에서 '75%'를 선택하고 [확인]을 클릭합니다.

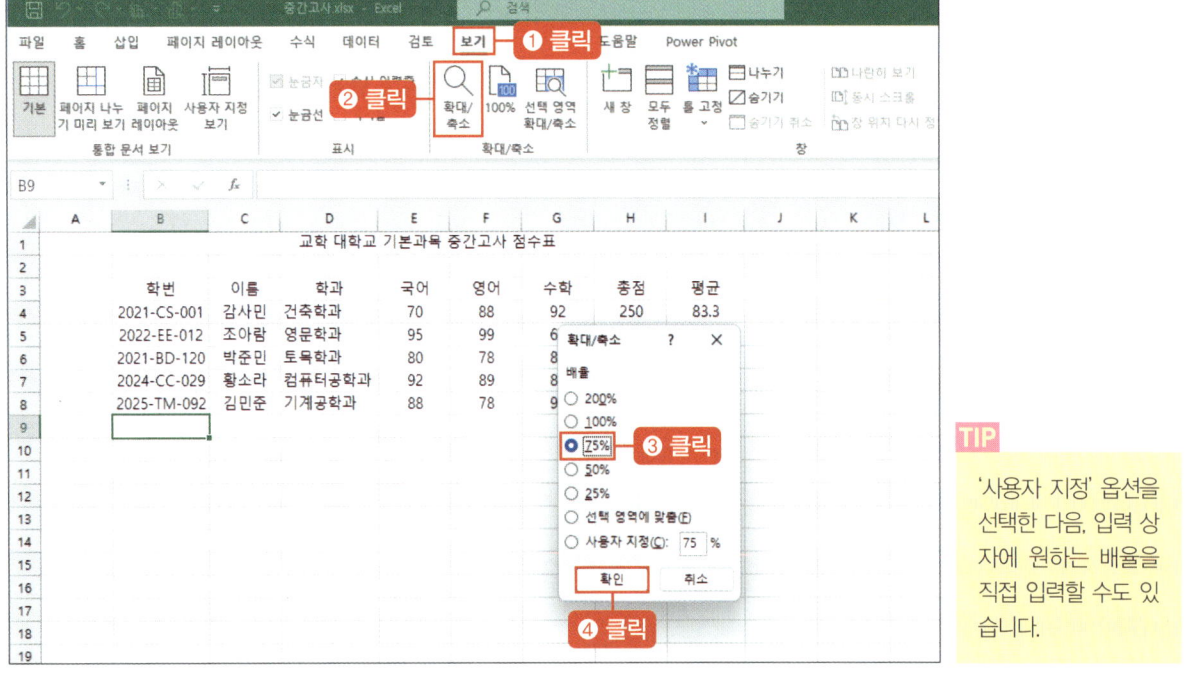

**TIP**
'사용자 지정' 옵션을 선택한 다음, 입력 상자에 원하는 배율을 직접 입력할 수도 있습니다.

**3** 화면이 축소되면서 워크시트의 텍스트가 작게 보입니다. [B1] 셀을 클릭한 채로 [I8] 셀까지 드래그하여 범위를 지정한 후 [보기] 탭의 [확대/축소] 그룹에서 [선택 영역 확대/축소]를 선택합니다.

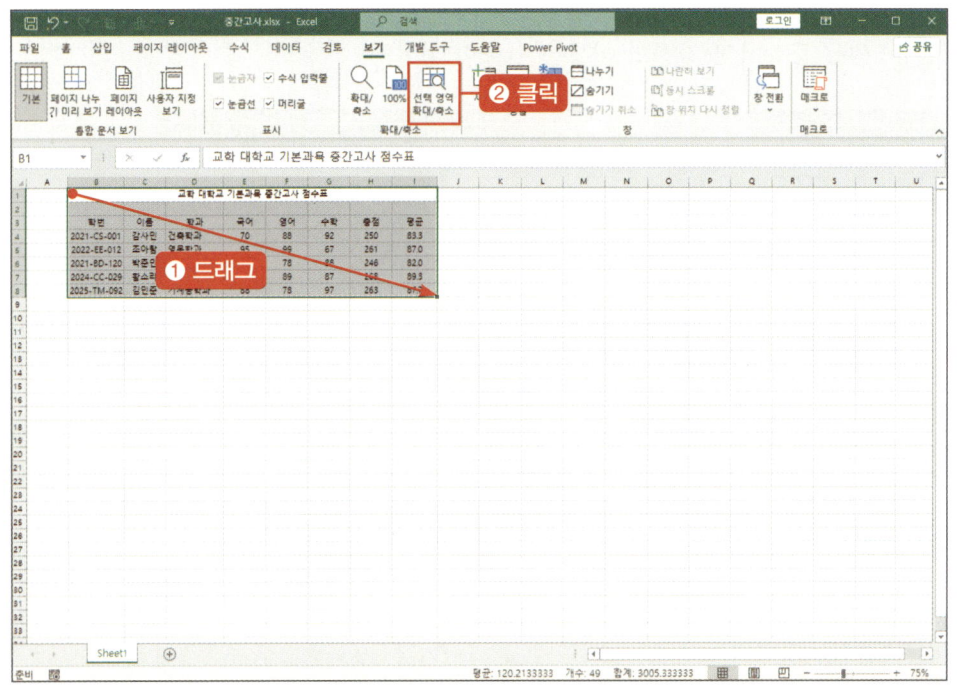

> **TIP** 워크시트에서 글꼴, 배경색, 테두리 등을 설정하기 위해서는 범위를 지정해야 합니다. [B2] 셀에서 [I8] 셀까지 범위를 지정하면 [B2:I8]로 표시됩니다.

**4** 선택한 범위만 화면을 꽉 채워서 표시됩니다. [보기] 탭에서 [확대/축소] 그룹의 [100%]를 선택하여 처음 파일을 불러왔을 때의 화면으로 되돌립니다.

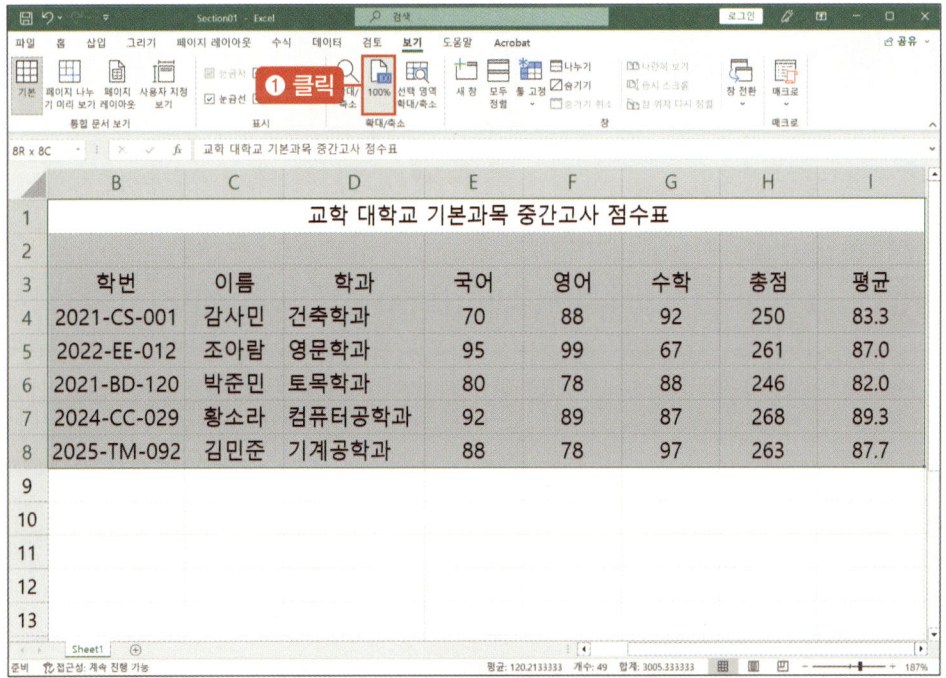

## 4 간단한 문자 입력하고 저장하기

**1** 워크시트에서 [C9] 셀을 클릭하고 자신의 이름을 입력합니다.

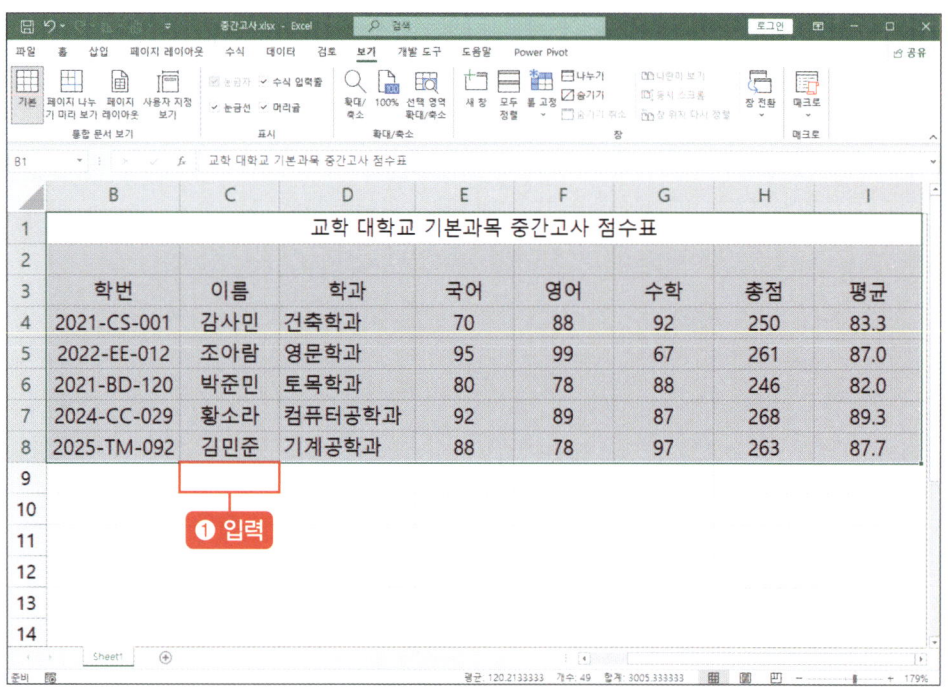

**2** 수정한 파일을 다른 이름으로 저장하기 위해 [파일]을 클릭하여 '백스테이지 뷰(Backstage View)'가 나타나면 [다른 이름으로 저장]-[이 PC]를 선택한 후 [문서]를 클릭합니다.

**TIP**

백스테이지 뷰(Backstage View)는 엑셀 파일 관련 작업을 하는 곳으로 파일 정보 확인, 새 문서 생성, 파일 열기, 인쇄 등의 작업을 할 수 있습니다.

③ [다른 이름으로 저장] 대화상자가 나타나면 저장할 폴더로 이동한 후 '파일 이름'에 '중간고사-수정'을 입력하고 [저장]을 클릭합니다.

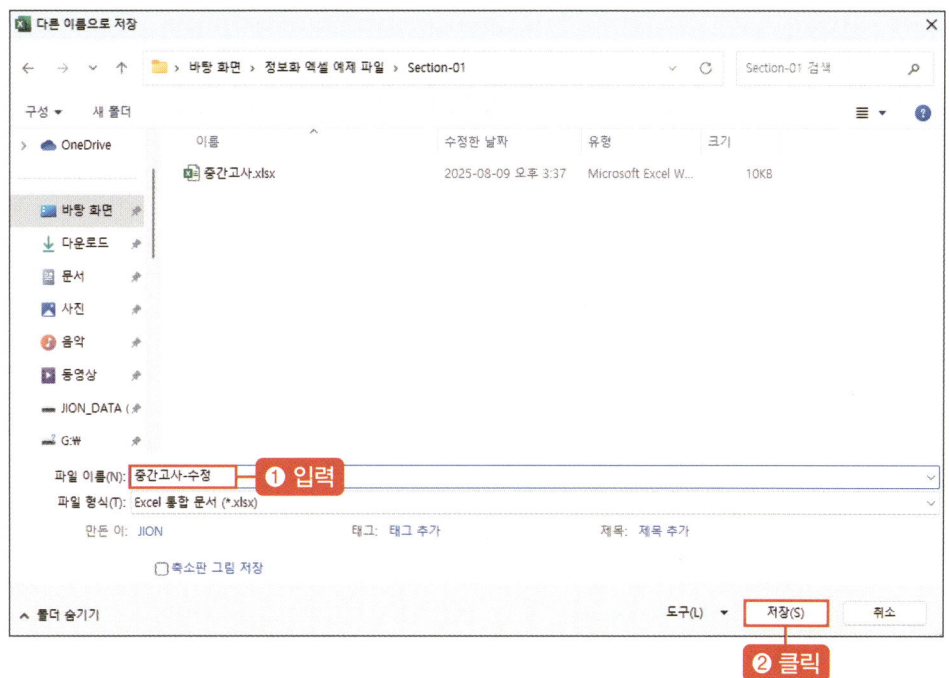

④ 파일을 저장했으면 엑셀 프로그램을 닫기 위해서 [파일]을 선택한 후 '백스테이지 뷰'에서 [닫기]를 클릭합니다.

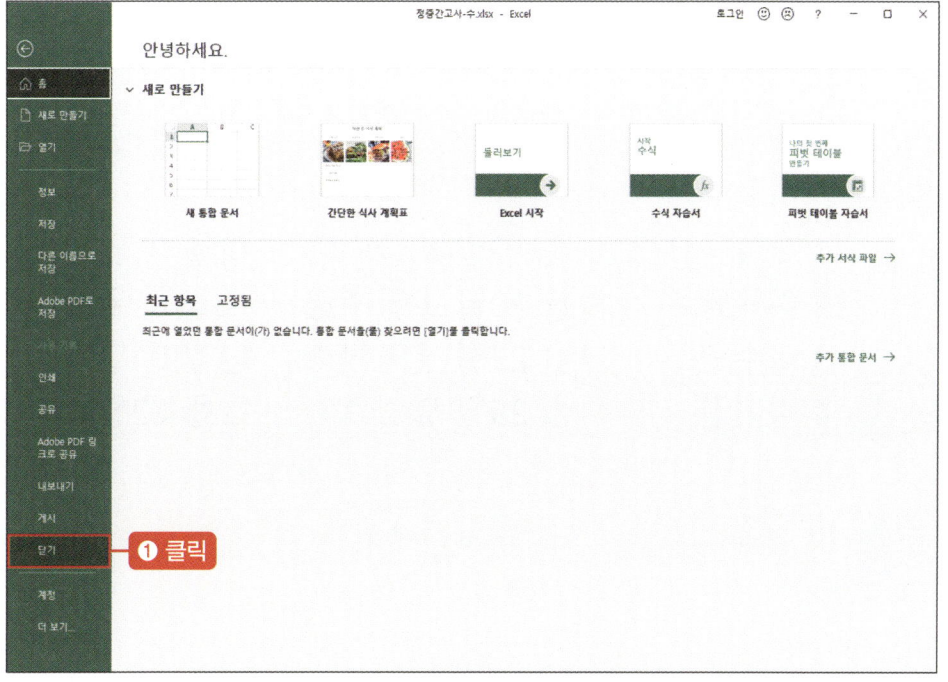

## 셀프 테스트

**1** 새 통합 문서를 실행하고 다음과 같이 텍스트를 입력해 보세요.

| | A | B | C | D | E | F | G | H |
|---|---|---|---|---|---|---|---|---|
| 1 | | | | | | | | |
| 2 | | 문화 센터 수강 신청 | | | | | | |
| 3 | | | | | | | | |
| 4 | | 번호 | 이름 | 신청날짜 | 신청강좌 | 개강일 | | |
| 5 | | 1 | 오하나 | 11월 20일 | 초급수영 | 12월 01일 | | |
| 6 | | 2 | 이대영 | 11월 20일 | 고급수영 | 12월 01일 | | |
| 7 | | 3 | 이수영 | 11월 23일 | 필라테스 | 12월 01일 | | |
| 8 | | 4 | 김미진 | 11월 25일 | 힐링요가 | 12월 02일 | | |

**2** 데이터가 입력된 범위만 확대한 후 '수강신청.xlsx' 파일로 저장하고 엑셀 프로그램을 종료해 보세요.

| | B | C | D | E | F |
|---|---|---|---|---|---|
| 1 | | | | | |
| 2 | 문화 센터 수강 신청 | | | | |
| 3 | | | | | |
| 4 | 번호 | 이름 | 신청날짜 | 신청강좌 | 개강일 |
| 5 | 1 | 오하나 | 11월 20일 | 초급수영 | 12월 01일 |
| 6 | 2 | 이대영 | 11월 20일 | 고급수영 | 12월 01일 |
| 7 | 3 | 이수영 | 11월 23일 | 필라테스 | 12월 01일 |
| 8 | 4 | 김미진 | 11월 25일 | 힐링요가 | 12월 02일 |

③ '수강신청.xlsx' 파일을 불러온 후 화면 확대/축소 배율을 100%로 변경하고 다음과 같이 내용을 추가해 보세요.

| | A | B | C | D | E | F | G | H |
|---|---|---|---|---|---|---|---|---|
| 1 | | | | | | | | |
| 2 | | 문화 센터 수강 신청 | | | | | | |
| 3 | | | | | | | | |
| 4 | | 번호 | 이름 | 신청날짜 | 신청강좌 | 개강일 | | |
| 5 | | 1 | 오하나 | 11월 20일 | 초급수영 | 12월 01일 | | |
| 6 | | 2 | 이대영 | 11월 20일 | 고급수영 | 12월 01일 | | |
| 7 | | 3 | 이수영 | 11월 23일 | 필라테스 | 12월 01일 | | |
| 8 | | 4 | 김미진 | 11월 25일 | 힐링요가 | 12월 02일 | | |
| 9 | | 5 | 이여진 | 11월 27일 | 서예 | 12월 02일 | | |

④ 새 통합 문서를 실행하고 다음과 같이 텍스트를 입력한 후 '영업부 실적.xlsx' 파일로 저장해 보세요.

| | A | B | C | D | E | F | G | H |
|---|---|---|---|---|---|---|---|---|
| 1 | | 영업부 제품 판매 현황 | | | | | | |
| 2 | | | | | | | | |
| 3 | | 이름 | 부서 | 직급 | 판매량 | | | |
| 4 | | 김철수 | 영업1팀 | 사원 | 120 | | | |
| 5 | | 박민수 | 영업2팀 | 대리 | 150 | | | |
| 6 | | 오수빈 | 영업1팀 | 과장 | 170 | | | |
| 7 | | 신채민 | 영업2팀 | 대리 | 190 | | | |
| 8 | | 이영희 | 영업2팀 | 과장 | 180 | | | |
| 9 | | 정은지 | 영업1팀 | 부장 | 240 | | | |

Excel 2021

# 02 데이터 입력하기
SECTION

엑셀 데이터는 텍스트, 숫자, 날짜, 시간, 수식 등 여러 종류로 나뉩니다. 각 데이터의 유형에 맞는 입력 규칙에 따라 데이터를 입력해야 데이터 분석 작업이 원활하게 이루어집니다. 여기에서는 워크시트에 다양한 데이터를 입력하는 방법을 알아보겠습니다.

## 1 텍스트/숫자/날짜 입력하기

**1** 그림과 같이 텍스트, 날짜 데이터를 입력합니다. 날짜 데이터의 연, 월, 일을 하이픈(-)으로 구분하여 입력하면 열의 너비가 자동으로 넓어집니다.

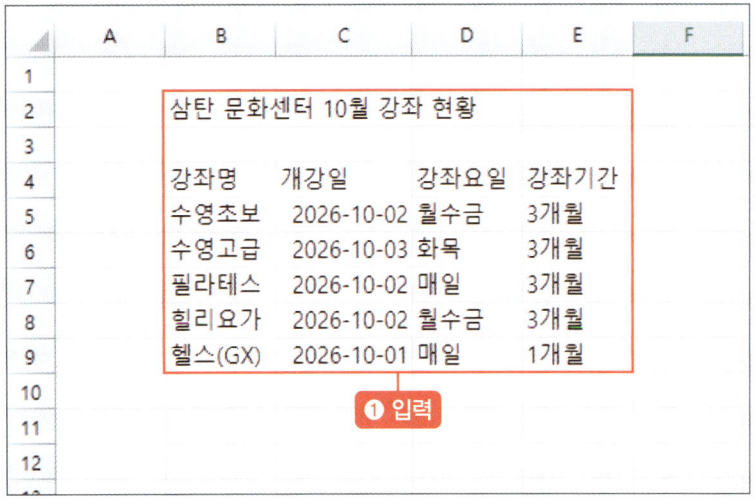

**2** [F4] 셀에 '수강료'를 입력하고 Alt + Enter 키를 누릅니다. 줄바꿈이 되면 '(단위:원)'을 입력합니다.

❸ [F5:F9] 셀에 그림과 같이 숫자 데이터를 입력합니다.

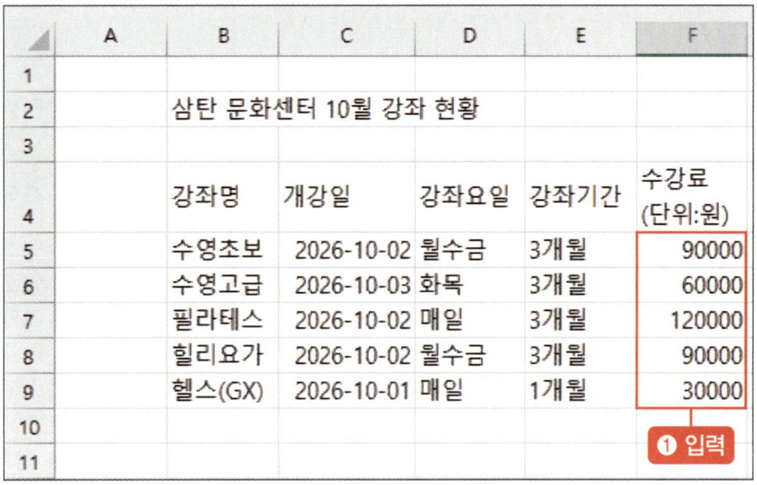

**TIP** 텍스트 데이터를 입력하면 셀의 왼쪽에 정렬되며, 숫자 데이터를 입력하면 셀의 오른쪽에 정렬됩니다.

| | A | B | C | D | E | F |
|---|---|---|---|---|---|---|
| 1 | | | | | | |
| 2 | | 삼탄 문화센터 10월 강좌 현황 | | | | |
| 3 | | | | | | |
| 4 | | 강좌명 | 개강일 | 강좌요일 | 강좌기간 | 수강료(단위:원) |
| 5 | | 수영초보 | 2026-10-02 | 월수금 | 3개월 | 90000 |
| 6 | | 수영고급 | 2026-10-03 | 화목 | 3개월 | 60000 |
| 7 | | 필라테스 | 2026-10-02 | 매일 | 3개월 | 120000 |
| 8 | | 힐리요가 | 2026-10-02 | 월수금 | 3개월 | 90000 |
| 9 | | 헬스(GX) | 2026-10-01 | 매일 | 1개월 | 30000 |

❶ 입력

## 2 기호 입력하기

❶ [B11] 셀에 'ㅁ'을 입력하고 [한자] 키를 눌러 특수 문자 입력 창이 나타나면 방향키 ↓를 누르거나 마우스를 스크롤하여 '◆'를 선택합니다.

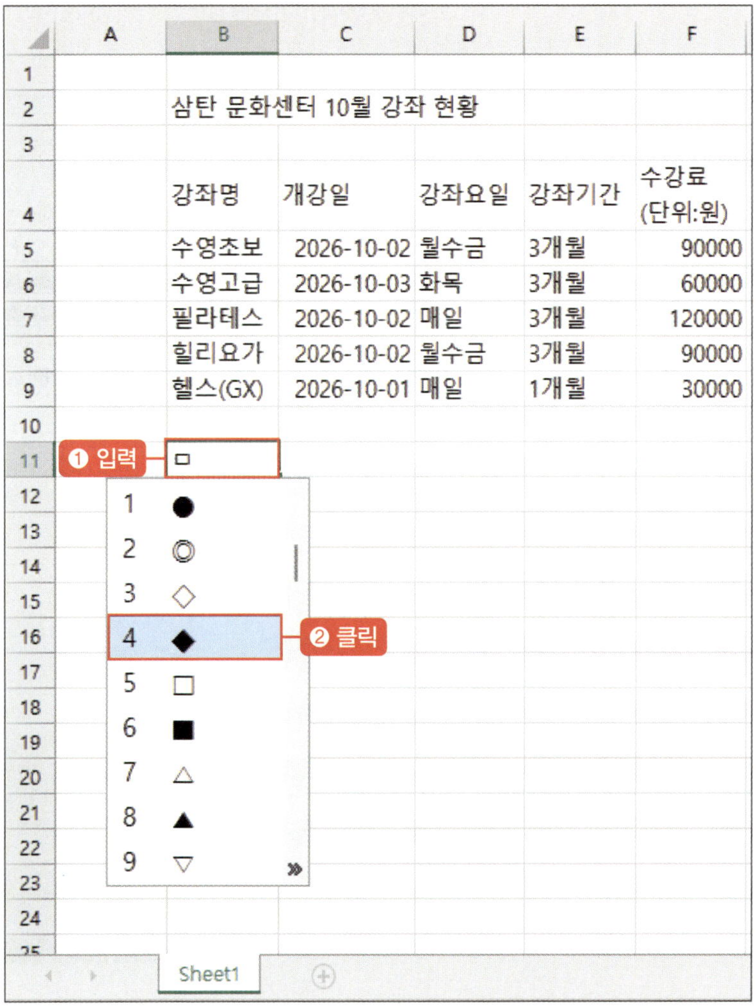

❶ 입력 → ㅁ

1 ●
2 ◎
3 ◇
4 ◆ ← ❷ 클릭
5 □
6 ■
7 △
8 ▲
9 ▽

**2** 선택한 기호가 입력되었으면 그림과 같이 기호 뒤에 텍스트를 입력합니다.

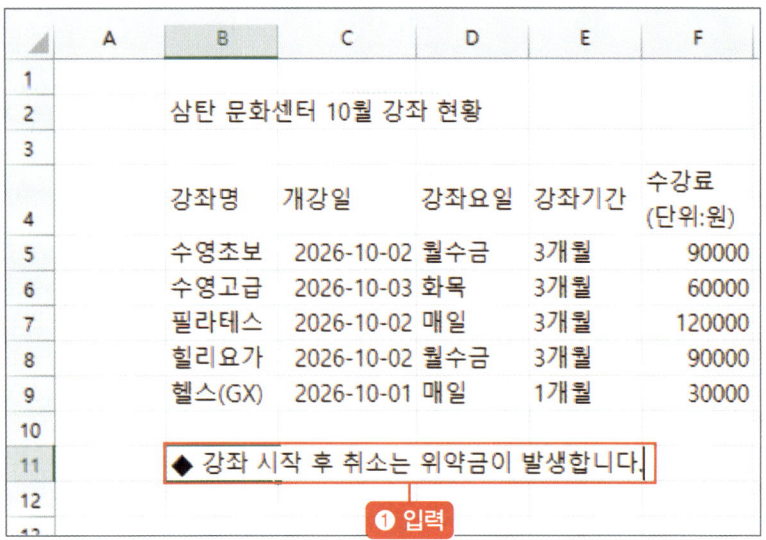

### 더 알아보기 | 엑셀에 기호와 이모티콘 넣기

#### 리본 메뉴로 입력하기

[삽입] 탭의 [기호] 그룹에서 [기호]를 클릭합니다. [기호] 대화상자에서 '글꼴'과 '하위 집합(Subset)'의 종류(예: 통화 기호, 도형 기호, 숫자 형식)를 선택하여 원하는 기호를 입력할 수 있습니다. '글꼴'에서 'Wingdings' 또는 'Webdings'와 같은 특수 기호 전용 글꼴을 선택하면 다양한 체크 표시, 화살표 등을 찾을 수 있습니다.

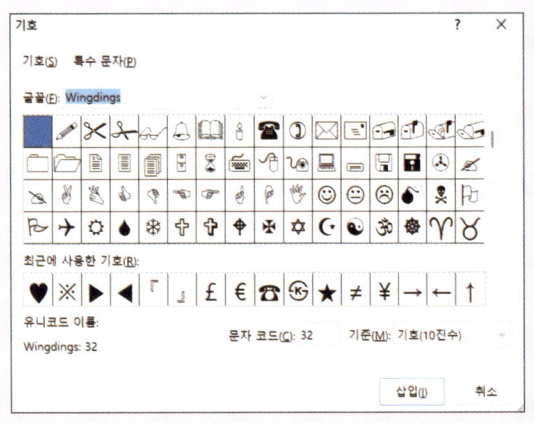 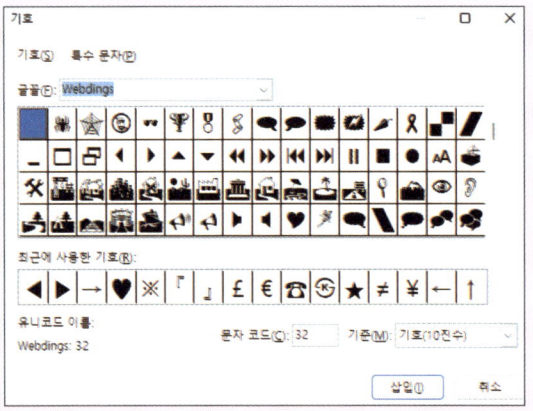

#### 키보드로 간단히 입력하기

키보드에서 ⊞ + . 키를 눌러 작은 팝업 창이 나타나면 상단에 있는 '기호' 탭을 클릭한 후 원하는 기호를 선택하여 입력할 수 있습니다.

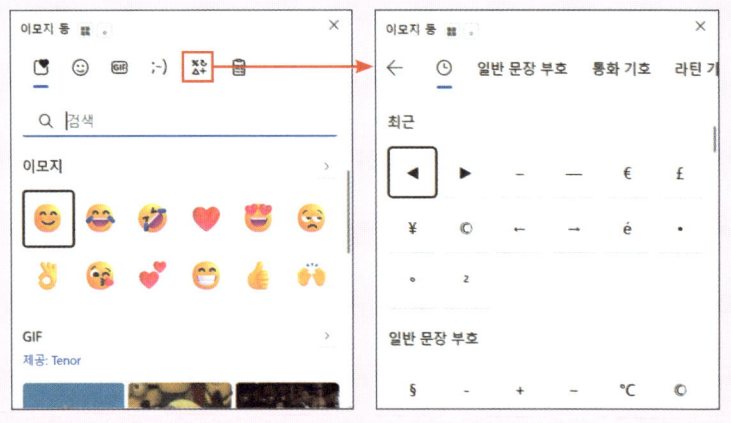

## 3 한자 입력하기

**1** 입력한 텍스트 중에서 '위약금'을 선택하고 [한자] 키를 누릅니다 [한글/한자 변환] 대화상자가 나타나면 위약금과 관련된 한자를 선택하고 [변환]을 클릭합니다.

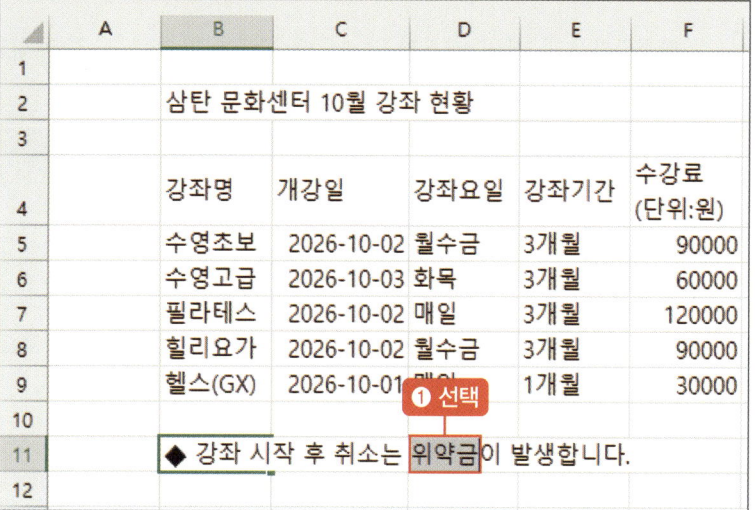

**2** 한자가 입력되었습니다. [한자] 키가 없는 경우에는 [검토] 탭에서 [언어] 그룹의 [한글/한자 변환]을 클릭하면 됩니다.

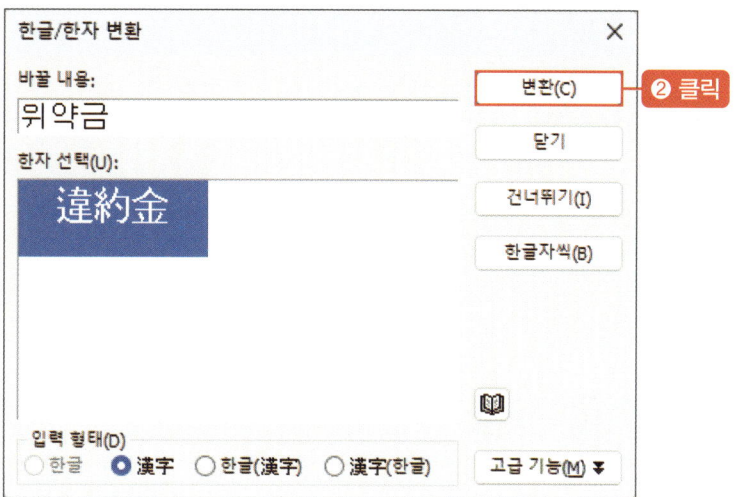

# 셀프 테스트

**1** 다음과 같이 텍스트, 숫자 데이터를 입력하고 '상품재고현황.xlsx'로 저장해 보세요.

| | A | B | C | D | E |
|---|---|---|---|---|---|
| 1 | | | | | |
| 2 | | | | | |
| 3 | | 상품 재고 현황 | | | |
| 4 | | | | | |
| 5 | | 상품명 | 입고수량 | 출고수량 | 재고수량 |
| 6 | | 상품A | 100 | 20 | 80 |
| 7 | | 상품B | 50 | 10 | 40 |
| 8 | | 상품C | 200 | 50 | 150 |
| 9 | | 상품D | 75 | 25 | 50 |

**2** 다음과 같이 텍스트, 숫자 데이터를 입력하고 '우리반_시험점수.xlsx'로 저장해 보세요

| | A | B | C | D | E |
|---|---|---|---|---|---|
| 1 | | | | | |
| 2 | | | | | |
| 3 | | 우리 반 시험 점수 | | | |
| 4 | | | | | |
| 5 | | 이름 | 국어 | 수학 | 영어 |
| 6 | | 김민지 | 90 | 85 | 92 |
| 7 | | 박서준 | 78 | 95 | 88 |
| 8 | | 이하나 | 85 | 88 | 90 |
| 9 | | 최지훈 | 92 | 80 | 75 |

**3** 다음과 같이 텍스트, 숫자, 날짜 데이터 입력하고 '일일지출내역.xlsx'로 저장해 보세요.

| | A | B | C | D | E | F | G |
|---|---|---|---|---|---|---|---|
| 1 | | | | | | | |
| 2 | | | | | | | |
| 3 | | 일일 지출 내역 | | | | | |
| 4 | | 날짜 | 항목 | 금액 | | | |
| 5 | | 2025-08-29 | 점심 식사 | 9500 | | | |
| 6 | | 2025-08-29 | 커피 | 4000 | | | |
| 7 | | 2025-08-29 | 교통비 | 2500 | | | |
| 8 | | 2025-08-30 | 저녁 식사 | 12000 | | | |
| 9 | | | | | | | |
| 10 | | | | | | | |
| 11 | | | | | | | |

**4** 텍스트, 숫자, 날짜, 기호 데이터를 입력하고 '문화센터.xlsx'로 저장해 보세요

| | A | B | C | D | E | F | G | H |
|---|---|---|---|---|---|---|---|---|
| 1 | | | | | | | | |
| 2 | | ※문화 센터 인터넷 강의 수강 신청♥ | | | | | | |
| 3 | | | | | | | | |
| 4 | | 번호 | 이름 | 지역 | 신청날짜 | 신청요일 | 개강일 | |
| 5 | | 1 | 오하나 | 서울 | 2027-10-20 | 수요일 | 2027-11-01 | |
| 6 | | 2 | 이대영 | 부산 | 2027-10-21 | 목요일 | 2027-11-01 | |
| 7 | | 3 | 구삼식 | 서울 | 2027-10-22 | 금요일 | 2027-11-01 | |
| 8 | | 4 | 이육사 | 광주 | 2027-10-25 | 월요일 | 2027-11-01 | |
| 9 | | 5 | 가정수 | 전주 | 2027-10-26 | 화요일 | 2027-11-01 | |
| 10 | | 6 | 나소수 | 대전 | 2027-10-27 | 수요일 | 2027-11-01 | |
| 11 | | 7 | 마실수 | 천안 | 2027-10-28 | 목요일 | 2027-11-01 | |
| 12 | | | | | | | | |
| 13 | | | | | | | | |

Excel 2021

# 03 자동 채우기
SECTION

일련번호와 같은 숫자 또는 순차적으로 바뀌는 요일이나 날짜와 같은 데이터는 자동 채우기 기능을 활용하면 빠르게 입력할 수 있습니다.

## 1 자동 채우기로 데이터 입력하기

**1** '자동 채우기.xlsx' 파일을 불러온 후 [B3] 셀에 '1'을 입력하고 오른쪽 하단의 자동 채우기 핸들을 클릭한 채로 [B17] 셀까지 아래로 드래그합니다.

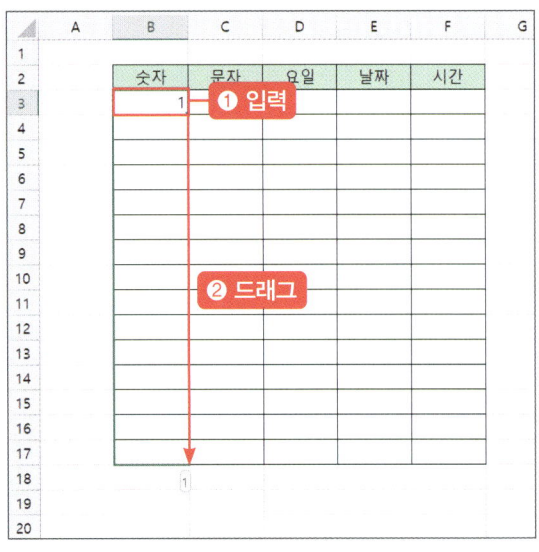

**2** [B3:B17] 범위에 1이 자동으로 입력됩니다. [C3] 셀에 '엑셀'을 입력한 후 자동 채우기 핸들로 [C17] 셀까지 드래그하여 문자를 채웁니다. [D3] 셀에 '월요일'을 입력하고 자동 채우기 핸들로 [D17] 셀까지 드래그합니다.

❸ [D3:D17]에 월요일부터 일요일까지 순차적으로 반복해서 요일이 입력됩니다. 이번에는 [E3] 셀에 날짜를 입력하고 자동 채우기 핸들로 [E17] 셀까지 드래그합니다.

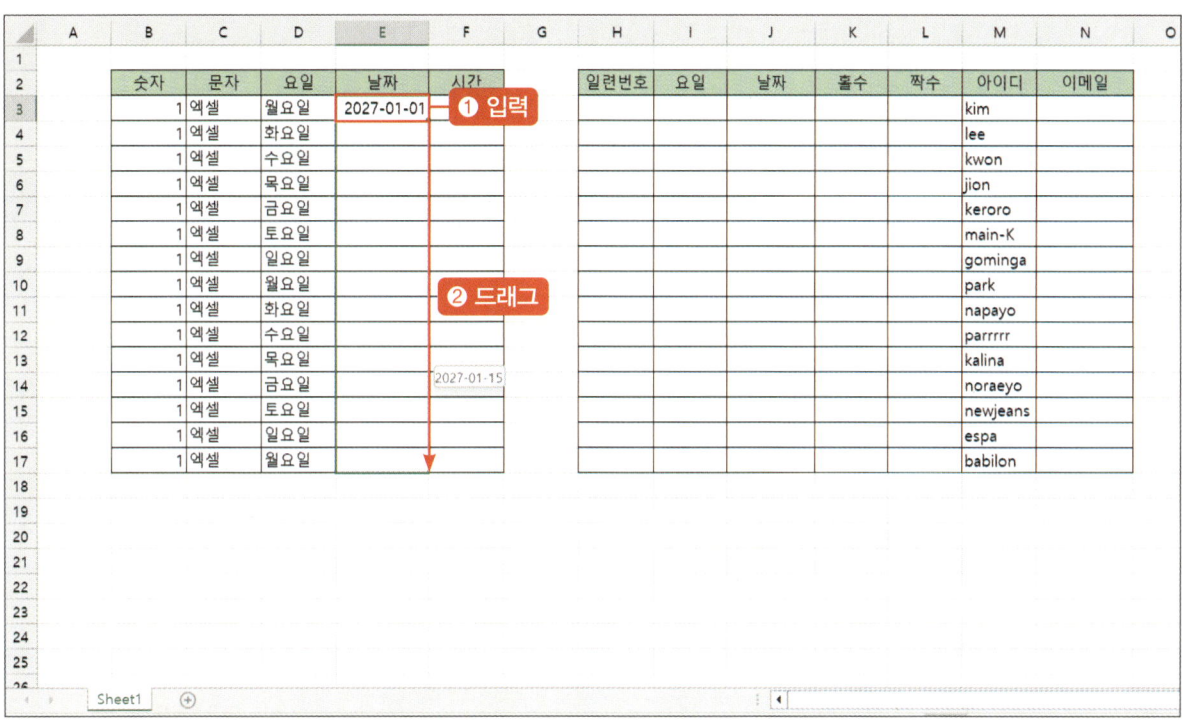

❹ [E3:E17]에 날짜가 자동 입력되면 [F3] 셀에 '0:00' 시간을 입력하고 자동 채우기 핸들을 [F17] 셀까지 드래그하여 연속된 시간을 입력합니다.

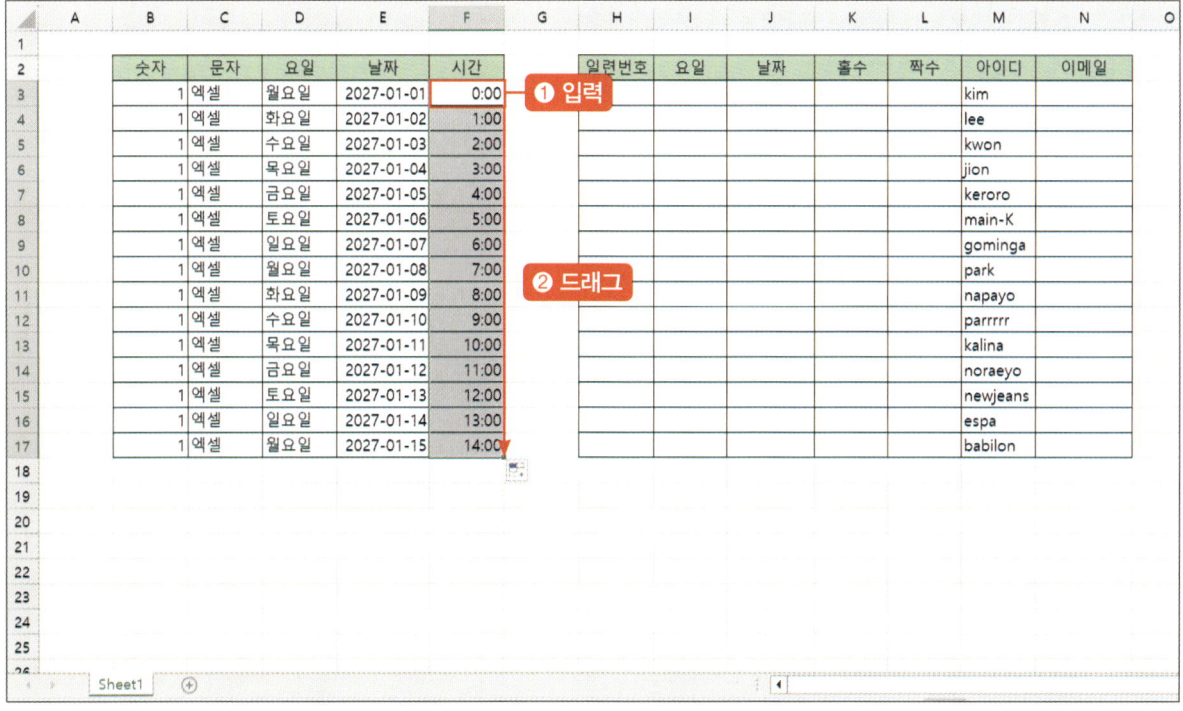

03 자동 채우기 • 19

## 2 자동 채우기 옵션 단추 활용하기

**1** [H3] 셀에 '1'을 입력하고 자동 채우기 핸들을 이용해서 [H17] 셀까지 드래그하여 숫자 1로 자동 채우기를 합니다. 오른쪽 하단의 자동 채우기 옵션 단추를 클릭하면 바로 가기 메뉴가 표시됩니다. 여기에서 [연속 데이터 채우기]를 선택하여 1~15까지 연속된 숫자로 변경합니다.

**2** [I3] 셀에 '월요일'을 입력한 후 자동 채우기 핸들을 [I17] 셀까지 드래그하여 요일을 입력합니다. 자동 채우기 옵션 단추를 클릭한 후 바로 가기 메뉴에서 [평일 단위 채우기]를 선택합니다. 입력된 요일에서 '토요일'과 '일요일'을 제외하고 '월~금요일'만 반복해서 채워집니다.

❸ [J3] 셀에 '2027-01-01'을 입력한 후 자동 채우기 핸들을 [J17] 셀까지 드래그하여 날짜를 입력합니다. 자동 채우기 옵션 단추를 클릭한 후 바로 가기 메뉴에서 [월 단위 채우기]를 선택합니다. 날짜는 변경되지 않고 월 단위만 자동으로 변경됩니다.

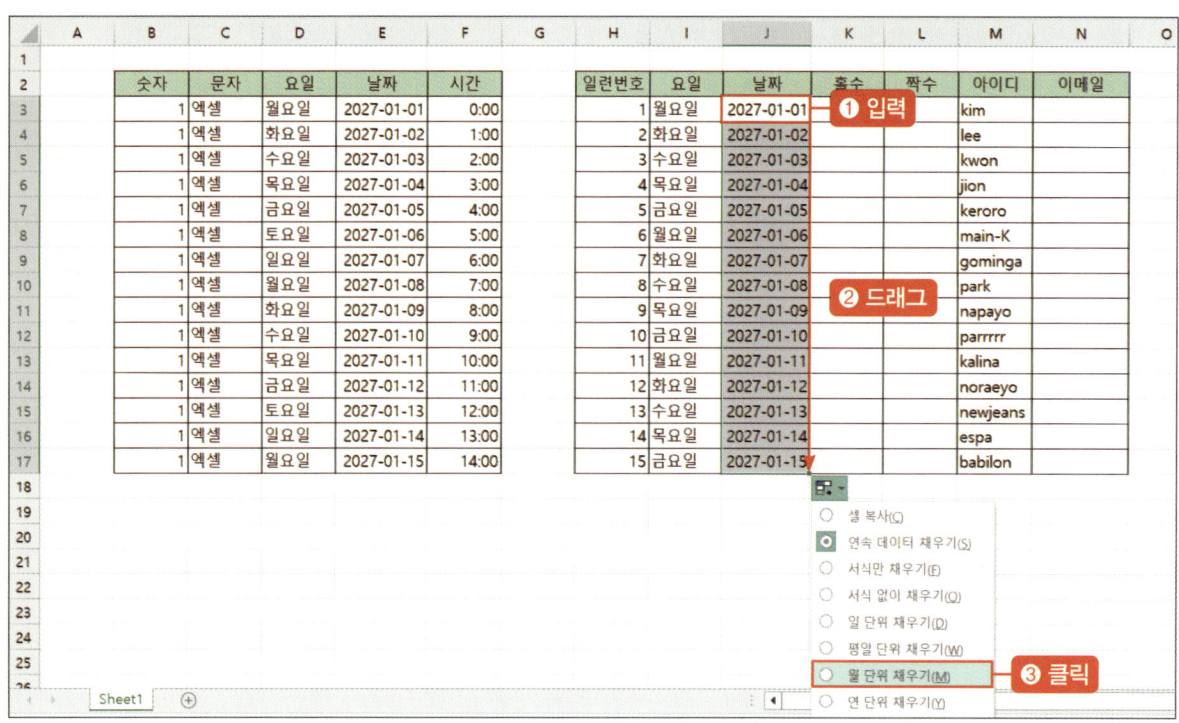

❹ [K3] 셀에 '1', [K4] 셀에 '3'을 입력하고 [K3:K4] 셀을 선택한 후 자동 채우기 핸들을 이용해서 [K17]까지 드래그합니다. 1부터 시작하는 홀수가 입력됩니다.

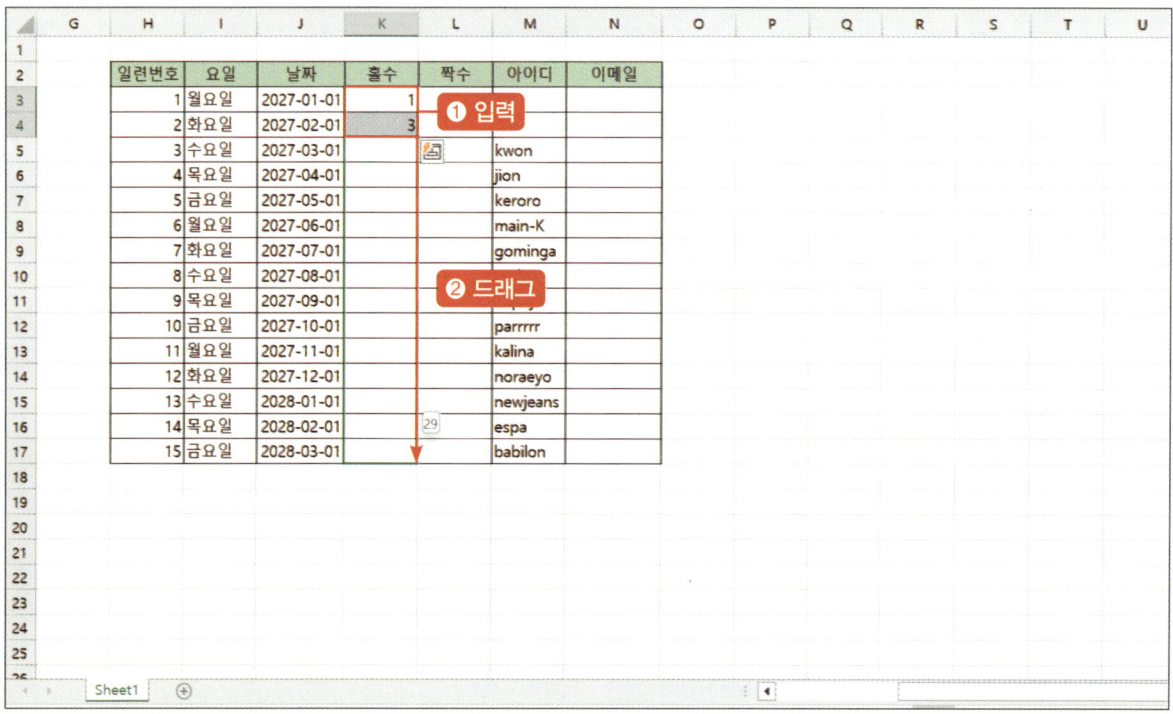

⑤ [L3] 셀에 '2', [L4] 셀에 '4'를 입력하고 자동 채우기 핸들을 이용해서 [L17]까지 드래그하면 2부터 시작하는 짝수가 입력됩니다.

⑥ [N3] 셀에는 [M3] 셀의 아이디를 이용해서 이메일을 입력하고 [N] 열의 머리글을 드래그하여 너비를 적당하게 넓혀줍니다.

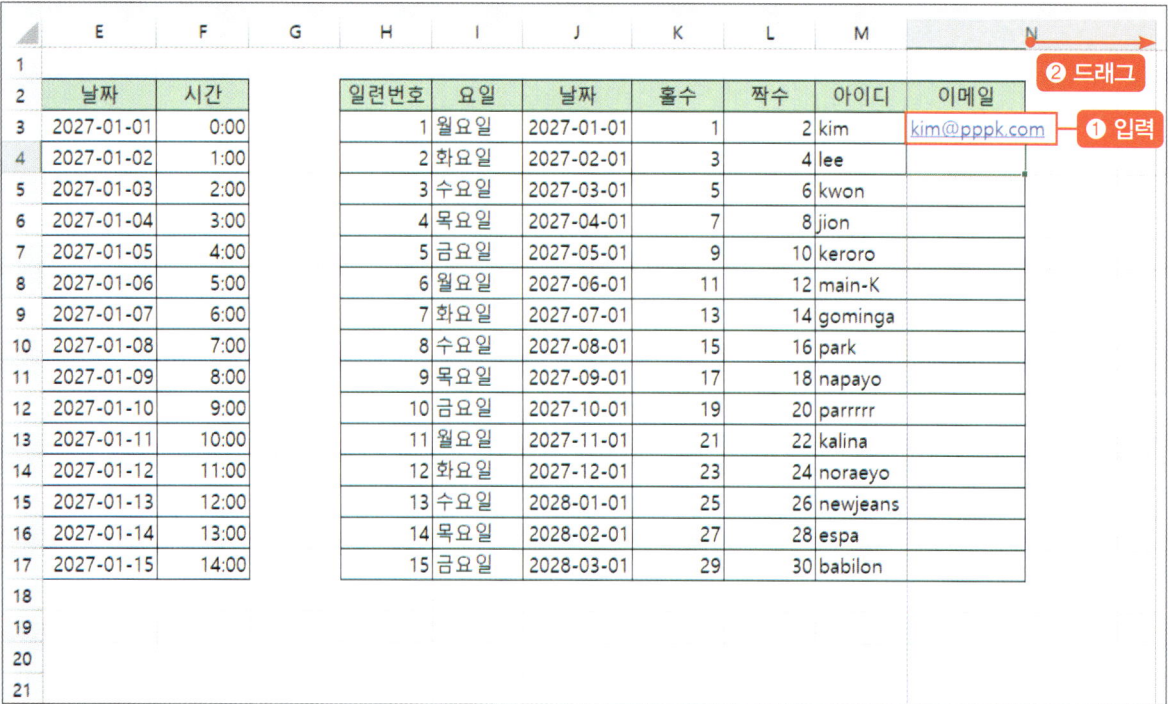

**7** [N3] 셀의 자동 채우기 핸들을 이용해서 [L17] 셀까지 드래그한 후 자동 채우기 옵션 단추를 클릭하여 바로 가기 메뉴가 나타나면 [빠른 채우기]를 선택합니다.

**8** [M] 열의 아이디를 이용해서 자동으로 이메일 형식으로 입력됩니다.

## 셀프 테스트

**1** '강좌 자동 채우기.xlsx' 파일을 열고 자동 채우기를 이용해서 다음과 같이 완성해 보세요.

| | A | B | C | D | E | F |
|---|---|---|---|---|---|---|
| 1 | | | 문화센터 등록 신청자 | | | |
| 2 | | | | | | |
| 3 | | 일련번호 | 이름 | 신청 강좌 | 강좌시작일 | 수강기간 |
| 4 | | 1 | 이말순 | 수중필라테스 | 2027-10-01 | 3개월 |
| 5 | | 2 | 김복동 | 수중필라테스 | 2027-10-02 | 3개월 |
| 6 | | 3 | 남희민 | 수중필라테스 | 2027-10-03 | 3개월 |
| 7 | | 4 | 고순자 | 수중필라테스 | 2027-10-04 | 3개월 |
| 8 | | 5 | 마순희 | 수중필라테스 | 2027-10-05 | 3개월 |
| 9 | | 6 | 천말자 | 수중필라테스 | 2027-10-06 | 3개월 |

**2** '당직 자동 채우기.xlsx' 파일을 열고 자동 채우기를 이용해서 다음과 같이 완성해 보세요. 날짜와 요일은 자동 채우기 옵션 단추를 클릭한 후 [평일 단위 채우기] 메뉴를 이용합니다.

| | A | B | C | D | E | F |
|---|---|---|---|---|---|---|
| 1 | | | 우리회사 2주간 평일 당직 일정 | | | |
| 2 | | | | | | |
| 3 | | 일련번호 | 당직자 | 날짜 | 요일 | 근무시간 |
| 4 | | 1 | 홍길동 | 2027-04-14 | 월요일 | 8시간 |
| 5 | | 2 | 박나리 | 2027-04-15 | 화요일 | 8시간 |
| 6 | | 3 | 고서운 | 2027-04-16 | 수요일 | 8시간 |
| 7 | | 4 | 마지희 | 2027-04-19 | 목요일 | 8시간 |
| 8 | | 5 | 구소리 | 2027-04-20 | 금요일 | 8시간 |
| 9 | | 6 | 이대일 | 2027-04-21 | 월요일 | 8시간 |
| 10 | | 7 | 천소라 | 2027-04-22 | 화요일 | 8시간 |
| 11 | | 8 | 전대일 | 2027-04-23 | 수요일 | 8시간 |
| 12 | | 9 | 송마루 | 2027-04-26 | 목요일 | 8시간 |
| 13 | | 10 | 정희정 | 2027-04-27 | 금요일 | 8시간 |

③ 새로운 워크시트에 자동 채우기를 이용하여 다음과 같이 데이터를 입력하고 '당직현황표 자동 채우기.xlsx' 파일로 저장해 보세요.

| | A | B | C | D | E | F | G | H |
|---|---|---|---|---|---|---|---|---|
| 1 | | | | | | | | |
| 2 | | 10월 3주차 당직 현황표 | | | | | | |
| 3 | | 번호 | 이름 | 10월20일 | 10월21일 | 10월22일 | 10월23일 | 10월24일 |
| 4 | | 1 | 이희도 | ○ | | | | |
| 5 | | 2 | 나정말 | | ○ | | | |
| 6 | | 3 | 빙그래 | | | ○ | | |
| 7 | | 4 | 유도리 | ○ | | | | |
| 8 | | 5 | 조반상 | | | | ○ | |
| 9 | | 6 | 고수래 | | | | | ○ |
| 10 | | 7 | 이파이 | | | ○ | | |
| 11 | | 8 | 전나라 | | | | | ○ |
| 12 | | 9 | 수미양 | | | | ○ | |
| 13 | | 10 | 감자빵 | | ○ | | | |
| 14 | | | | | | | | |

④ '도서관 자동 채우기.xlsx' 파일을 열고 자동 채우기 옵션 단추의 [빠른 채우기] 메뉴를 이용해 다음과 같이 완성해 보세요.

| | A | B | C | D | E | F |
|---|---|---|---|---|---|---|
| 1 | | 우리 자랑 행사 도서관 위치 | | | | |
| 2 | | | | | | |
| 3 | | 지역 | | 도서관명 | 위치 | |
| 4 | | 마포 | 아현 | 아현 도서관 | 마포구 아현동 | |
| 5 | | 강서 | 발산 | 발산 도서관 | 강서구 발산동 | |
| 6 | | 양천 | 신월 | 신월 도서관 | 양천구 신월동 | |
| 7 | | 은평 | 신사 | 신사 도서관 | 은평구 신사동 | |
| 8 | | 마포 | 공덕 | 공덕 도서관 | 마포구 공덕동 | |
| 9 | | 영등포 | 신길 | 신길 도서관 | 영등포구 신길동 | |
| 10 | | 종로 | 사직 | 사직 도서관 | 종로구 사직동 | |
| 11 | | | | | | |
| 12 | | | | | | |

Excel 2021

# 04 워크시트 관리하고 셀 크기 설정하기
SECTION

워크시트는 행과 열의 셀로 구성된 기본 작업 공간으로, 데이터를 입력하고 계산하는 곳입니다. 워크시트를 추가, 삭제하는 방법과 셀의 너비와 높이를 변경하는 방법을 알아보겠습니다.

## 1 워크시트 추가하고 삭제하기

**1** '가전_매출.xlsx' 파일을 불러온 후 하단의 [새 시트(⊕)]를 클릭해 'Sheet1'이라는 이름으로 새로운 시트를 생성합니다. 'Sheet1' 탭을 더블클릭해서 시트 이름이 블록으로 지정되면 '새로운 시트'를 입력해서 시트 이름을 변경합니다.

**2** '새로운 시트' 탭에서 마우스 오른쪽 버튼을 클릭하여 바로 가기 메뉴가 나타나면 [삭제]를 클릭해서 '새로운 시트'를 삭제합니다.

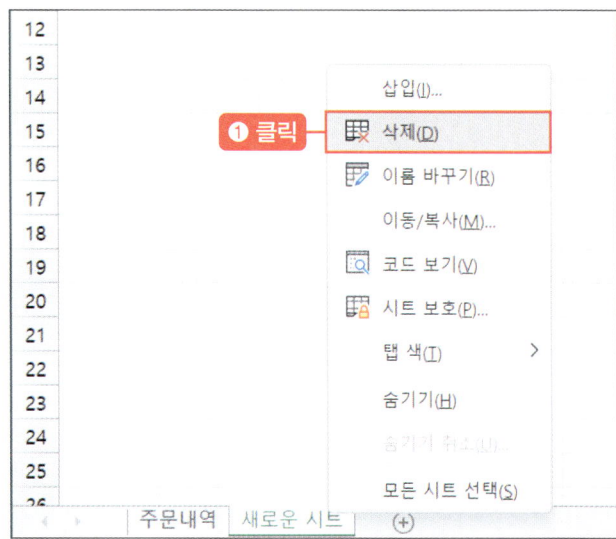

③ '주문내역' 시트 탭에서 마우스 오른쪽 버튼을 클릭해 바로 가기 메뉴가 나타나면 [이동/복사]를 선택합니다. [이동/복사] 대화상자가 나타나면 '복사본 만들기'를 선택하고 [확인]을 클릭합니다. '주문내역 (2)'라는 이름으로 복사본이 생성됩니다.

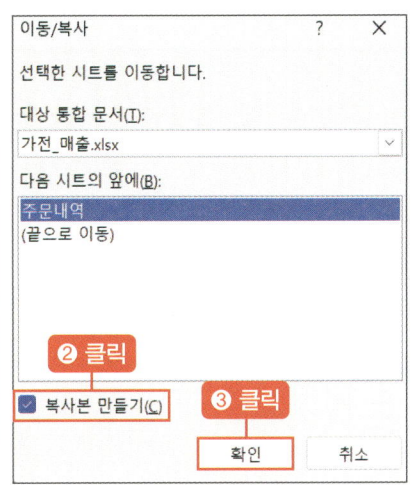

## 2 셀 너비와 높이 설정하기

① '주문내역 (2)' 시트의 열 머리글에서 [D] 열과 [E] 열 사이의 경계선을 클릭한 채로 오른쪽으로 드래그하여 셀의 너비를 넓힙니다. [F] 열과 [G] 열 사이의 경계선에서 더블클릭하면 #으로 표시되었던 데이터가 숫자로 모두 표시됩니다.

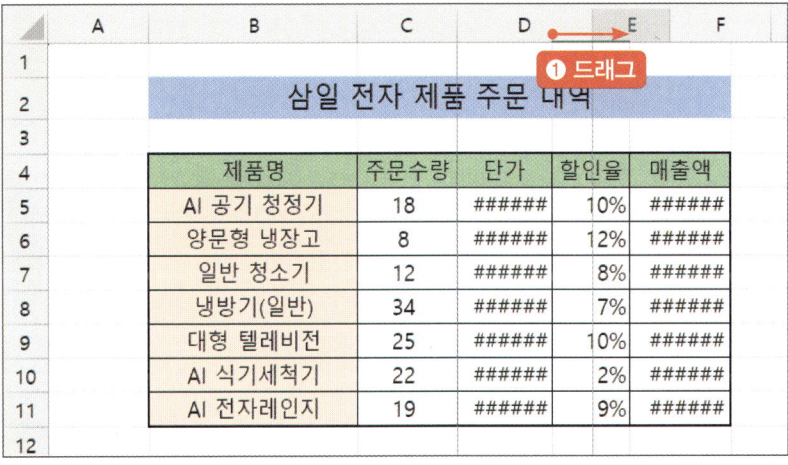

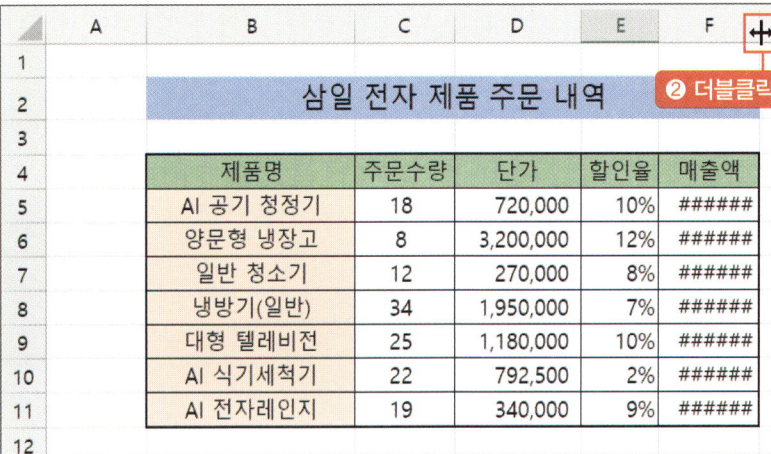

**TIP** 데이터가 모두 '#'으로 표시되어 있으면 셀의 너비가 셀에 입력된 데이터보다 좁다는 것을 의미합니다.

② [4] 행의 머리글을 클릭한 후 Shift 키를 누르고 [11] 행의 머리글을 클릭하면[4]~[11] 행까지 모두 선택됩니다. [4]~[11] 행의 머리글을 드래그하여 선택해도 됩니다. [홈] 탭에서 [셀] 그룹의 [서식] 클릭한 후 '셀 크기'에서 [행 높이]를 선택합니다.

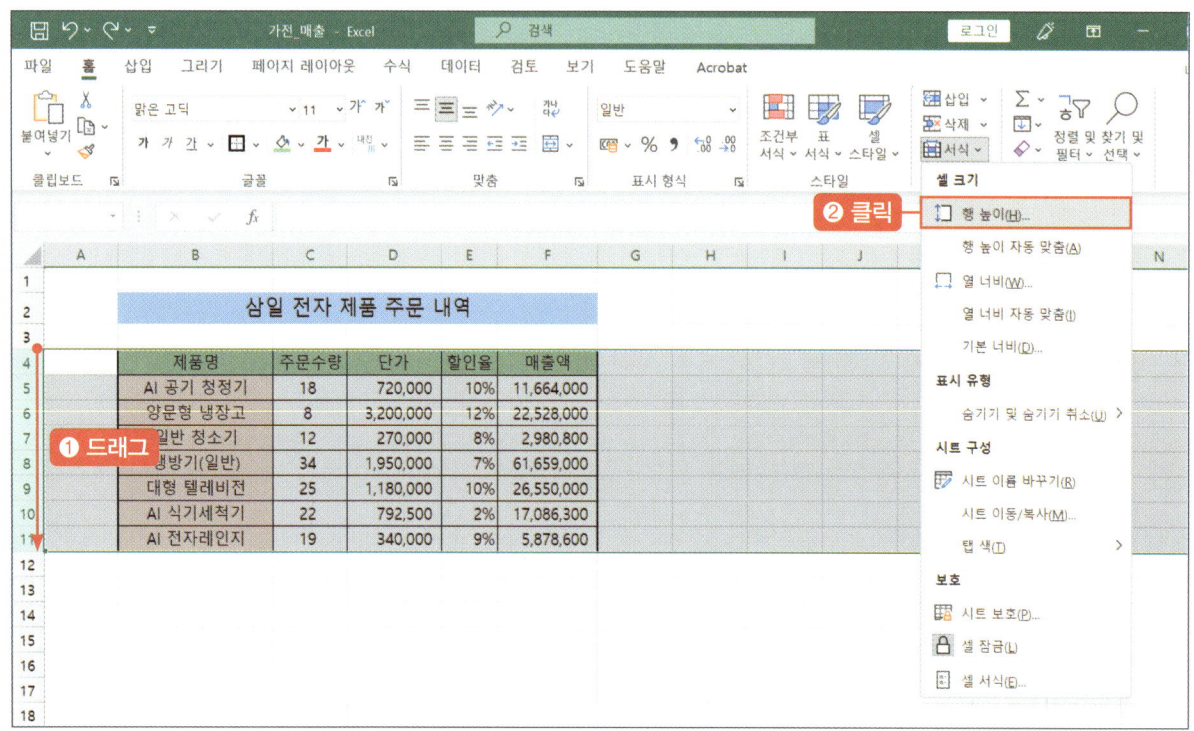

TIP [열 너비]를 선택하면 [열 너비] 대화상자가 실행되어 열 너비를 변경할 수 있습니다.

③ [행 높이] 대화상자가 나타나면 '행 높이'에 '25'를 입력하고 [확인]을 클릭합니다.

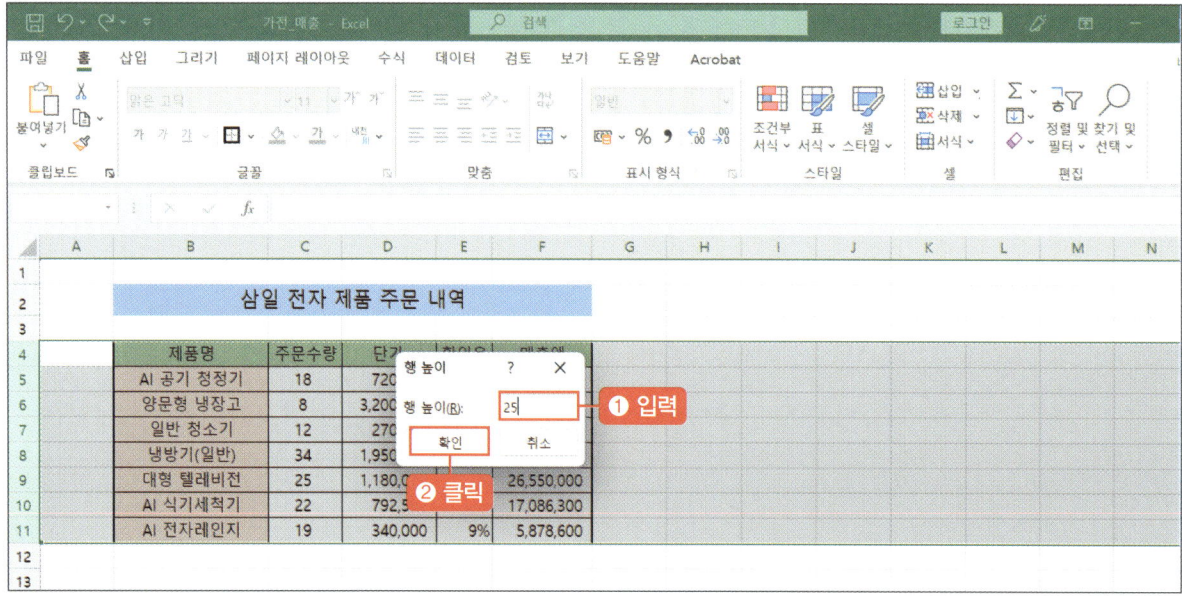

다음과 같이 선택한 행의 높이가 변경됩니다. 행 높이와 열 너비는 대화상자를 이용하여 변경할 수도 있으며, 마우스로 드래그하여 변경할 수도 있습니다.

| | A | B | C | D | E | F |
|---|---|---|---|---|---|---|
| 1 | | | | | | |
| 2 | | 삼일 전자 제품 주문 내역 | | | | |
| 3 | | | | | | |
| 4 | | 제품명 | 주문수량 | 단가 | 할인율 | 매출액 |
| 5 | | AI 공기 청정기 | 18 | 720,000 | 10% | 11,664,000 |
| 6 | | 양문형 냉장고 | 8 | 3,200,000 | 12% | 22,528,000 |
| 7 | | 일반 청소기 | 12 | 270,000 | 8% | 2,980,800 |
| 8 | | 냉방기(일반) | 34 | 1,950,000 | 7% | 61,659,000 |
| 9 | | 대형 텔레비전 | 25 | 1,180,000 | 10% | 26,550,000 |
| 10 | | AI 식기세척기 | 22 | 792,500 | 2% | 17,086,300 |
| 11 | | AI 전자레인지 | 19 | 340,000 | 9% | 5,878,600 |

## 더 알아보기  셀 추가하고 삭제하기

### 셀 추가하기

행이나 열을 추가할 경우에는 머리글을 클릭하고 [홈] 탭에서 [셀] 그룹의 [삽입]-[셀 삽입]을 선택합니다. 또 다른 방법은 행 머리글이나 열 머리글을 선택하고 마우스 오른쪽 버튼을 클릭하여 바로 가기 메뉴에서 [삽입]을 선택하면 됩니다.

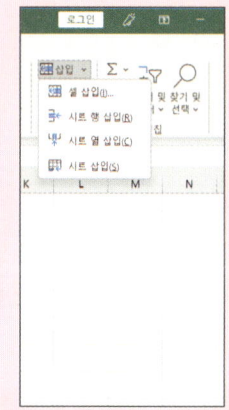 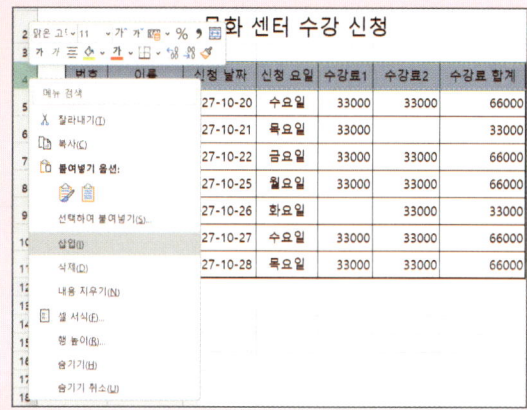

### 셀 삭제하기

셀을 삭제하는 방법 역시 앞에서 설명한 셀 삽입 방법과 같습니다. 삭제할 셀을 선택하고 [홈] 탭에서 [셀] 그룹의 [삭제]-[셀 삭제]를 선택하거나 삭제하고자 하는 행 머리글이나 열 머리글에서 마우스 오른쪽 버튼을 클릭해 바로 가기 메뉴에서 [삭제]를 선택하면 됩니다.

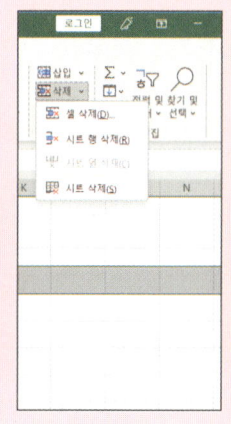

## 셀프 테스트

**1** '문화센터_워크시트.xlsx' 파일을 열어서 '수강신청자' 시트를 복사한 후 시트 이름을 '수강신청자 수정'으로 변경해 보세요.

**2** 1의 '수강신청자 수정' 워크시트에서 [4]~[11] 행의 높이를 '25'로 변경해 보세요.

❸ '여행자_분석.xlsx' 파일을 불러온 후 [4] 행의 높이는 25, [5]~[13] 행의 높이는 '22'로 변경해 보세요.

| 대륙 | 유럽 | 아시아 | 북아메리카 | 남아메리카 | 아프리카 | 오세아니아 |
|---|---|---|---|---|---|---|
| 2023 3분기 | 460,000 | 400,000 | 520,000 | 180,000 | 60,000 | 20,000 |
| 2023 4분기 | 390,000 | 320,000 | 160,000 | 150,000 | 30,000 | 50,000 |
| 2024 1분기 | 590,000 | 360,000 | 290,000 | 60,000 | 40,000 | 100,000 |
| 2024 2분기 | 530,000 | 380,000 | 560,000 | 100,000 | 130,000 | 20,000 |
| 2024 3분기 | 720,000 | 690,000 | 220,000 | 200,000 | 160,000 | 30,000 |
| 2024 4분기 | 480,000 | 270,000 | 350,000 | 160,000 | 70,000 | 40,000 |
| 2025 1분기 | 490,000 | 340,000 | 200,000 | 80,000 | 70,000 | 70,000 |
| 2025 2분기 | 730,000 | 260,000 | 330,000 | 130,000 | 120,000 | 40,000 |
| 합계 | 4,390,000 | 3,020,000 | 2,630,000 | 1,060,000 | 680,000 | 370,000 |

❹ 3에서 완성한 워크시트에서 [C] 열 앞에 새로운 열을 추가하고 열 너비를 '0.5'로, [5] 행 위에 새로운 행을 하나 더 추가하고 행 높이를 '5'로 변경해 보세요.

| 대륙 | 유럽 | 아시아 | 북아메리카 | 남아메리카 | 아프리카 | 오세아니아 |
|---|---|---|---|---|---|---|
| 2023 3분기 | 460,000 | 400,000 | 520,000 | 180,000 | 60,000 | 20,000 |
| 2023 4분기 | 390,000 | 320,000 | 160,000 | 150,000 | 30,000 | 50,000 |
| 2024 1분기 | 590,000 | 360,000 | 290,000 | 60,000 | 40,000 | 100,000 |
| 2024 2분기 | 530,000 | 380,000 | 560,000 | 100,000 | 130,000 | 20,000 |
| 2024 3분기 | 720,000 | 690,000 | 220,000 | 200,000 | 160,000 | 30,000 |
| 2024 4분기 | 480,000 | 270,000 | 350,000 | 160,000 | 70,000 | 40,000 |
| 2025 1분기 | 490,000 | 340,000 | 200,000 | 80,000 | 70,000 | 70,000 |
| 2025 2분기 | 730,000 | 260,000 | 330,000 | 130,000 | 120,000 | 40,000 |
| 합계 | 4,390,000 | 3,020,000 | 2,630,000 | 1,060,000 | 680,000 | 370,000 |

Excel 2021

# 05 셀 서식 설정하기
SECTION

엑셀에서 셀 서식은 옷과 같습니다. 옷차림만으로도 사람의 인상이 달라지듯이, 셀 서식을 사용하면 복잡한 데이터도 한눈에 보기 쉽고 깔끔하며 전문적인 문서로 만들 수 있습니다. 데이터의 글꼴과 색상을 바꾸고, 테두리를 그려 표를 완성하는 등 다양한 서식 설정 방법을 알아보겠습니다.

## 1 글꼴 및 맞춤 서식 설정하기

**1** '건강검진_서식.xlsx' 파일을 불러온 후 [B2] 셀부터 [H2] 셀까지 드래그하여 범위를 지정합니다. [홈] 탭의 [글꼴] 그룹에서 글꼴(Noto Sans KR SemiBold)과 크기(16pt)를 지정하고 [병합하고 가운데 맞춤(⇔)]을 클릭합니다.

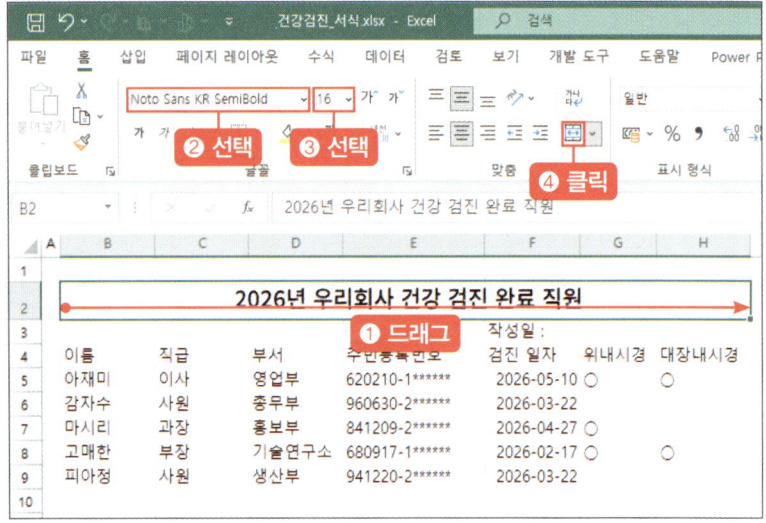

**TIP** Noto Sans KR SemiBold는 구글에서 제공하는 무료 글꼴입니다.

**2** [B4:H9] 셀을 드래그하여 범위를 지정하고 [홈] 탭에서 [맞춤] 그룹의 [가운데 맞춤(≡)]을 클릭합니다.

**3** [F3] 셀을 클릭하고 [홈] 탭에서 [맞춤] 그룹의 [오른쪽 맞춤(≡)]을 클릭하여 '작성일:'을 셀의 오른쪽으로 정렬합니다.

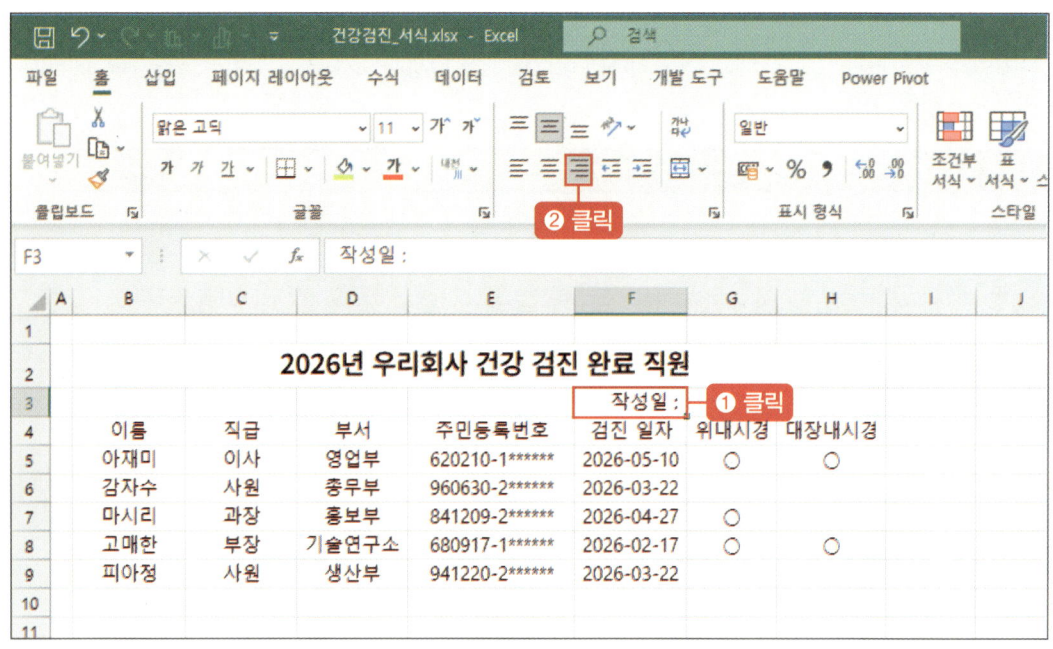

**4** 이번에는 [G3:H3] 셀을 범위로 지정하고 [홈] 탭에서 [맞춤] 그룹의 [병합하고 가운데 맞춤(国)]을 클릭합니다. 셀 안에 '=TODAY()'를 입력하고 [홈] 탭에서 [맞춤] 그룹의 [왼쪽 맞춤(≡)]을 클릭합니다.

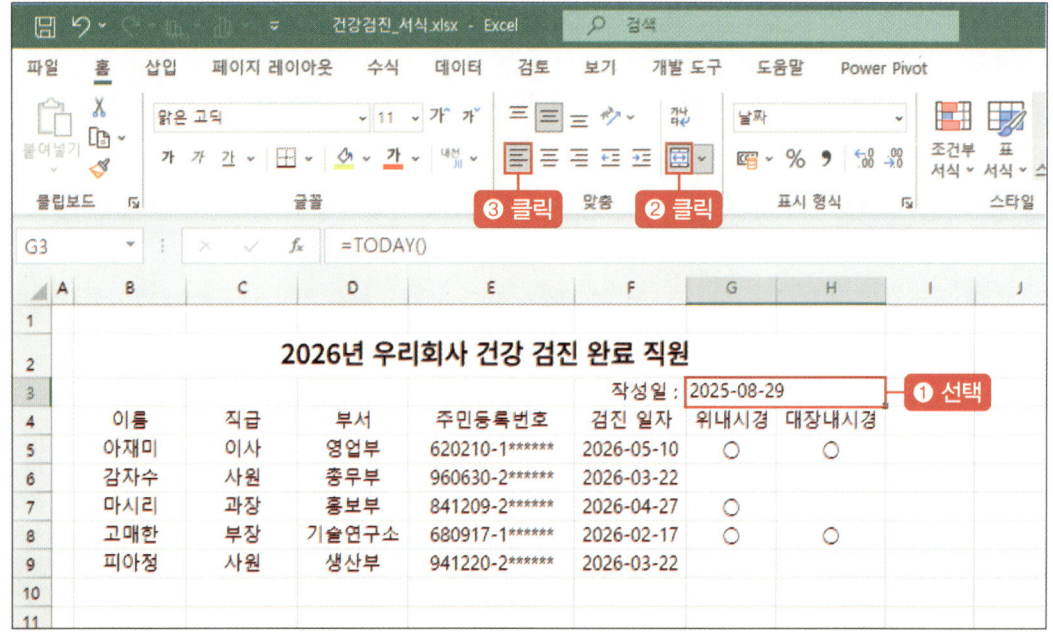

> **TIP** 셀 안에 입력한 '=TODAY()'는 셀에 오늘 날짜를 표시하는 함수입니다. 함수란 특정 작업이나 계산을 수행하도록 미리 정의된 수식으로, 복잡한 계산 과정을 단순화하여 원하는 결과를 쉽고 빠르게 얻을 수 있게 해줍니다. 본 교재 section 10부터 다루고 있습니다.

## 2 테두리 및 배경 서식 설정하기

**1** [B4:H9] 셀을 드래그하여 범위를 지정하고 [홈] 탭에서 [글꼴] 그룹의 [테두리(田)]를 클릭한 후 [모든 테두리]를 선택합니다.

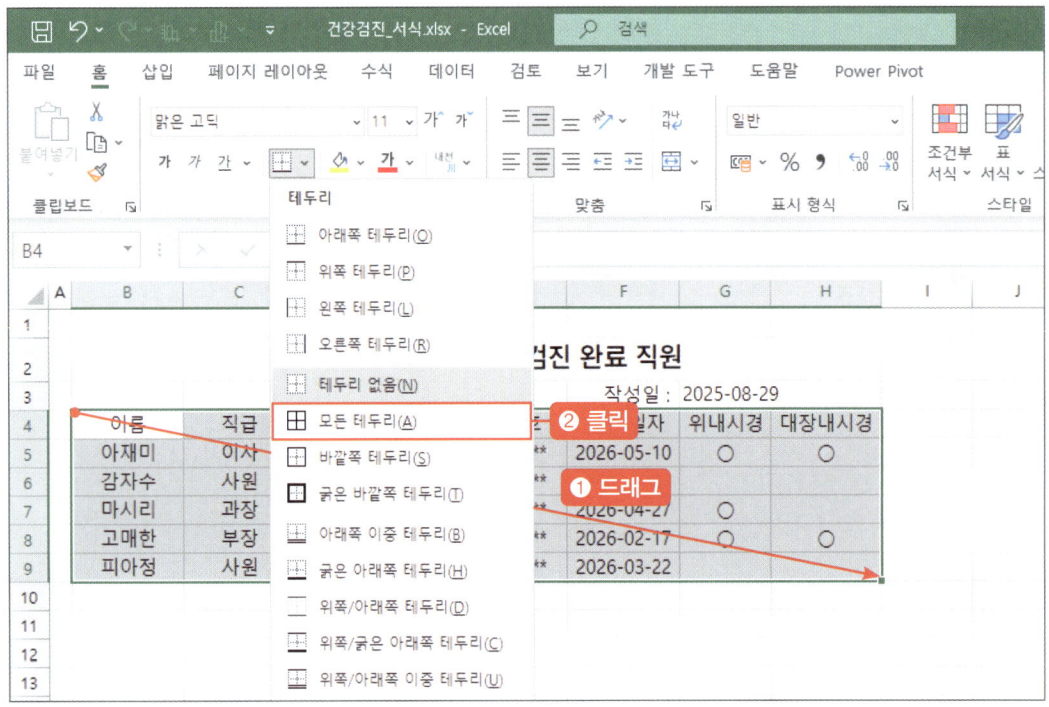

**2** [B4:H4] 셀을 드래그하여 범위를 지정하고 [홈] 탭에서 [글꼴] 그룹의 [채우기 색(◇)]을 클릭한 후 '주황, 강조 2, 40% 더 밝게'를 선택하여 배경색을 지정합니다.

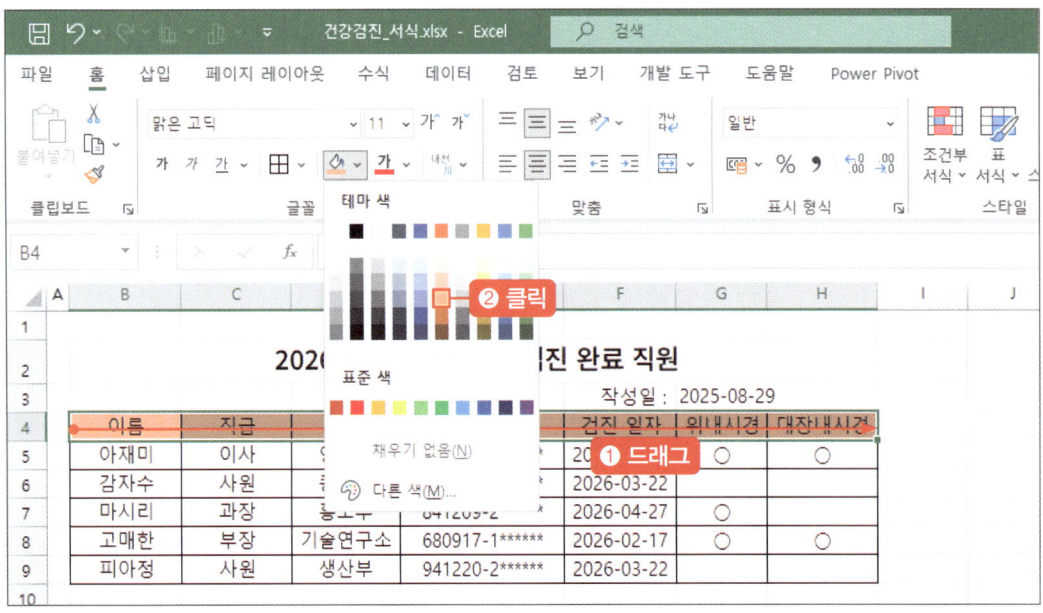

③ [G6]를 클릭하고 Ctrl 키를 누른 채 [H6], [H7], [G9], [H9] 셀을 차례로 클릭하여 여러 셀을 선택한 후 마우스 오른쪽 버튼을 클릭하여 [셀 서식]을 선택합니다.

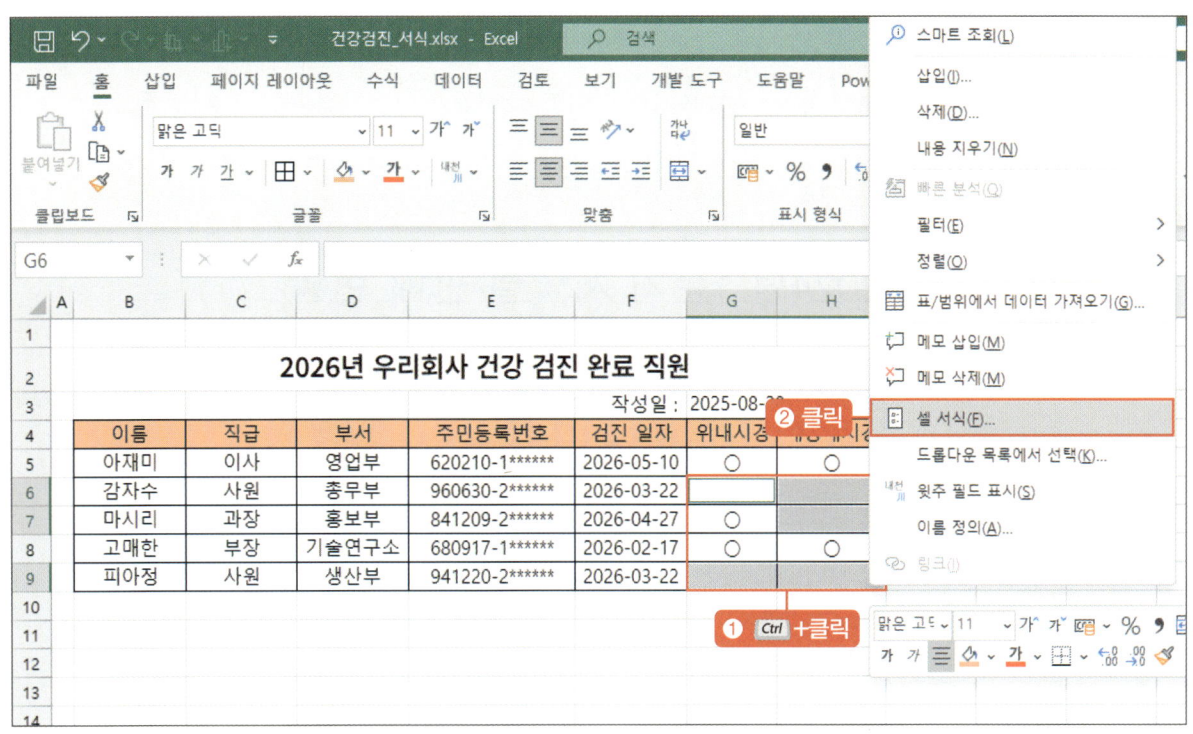

④ [셀 서식] 대화상자가 나타나면 [테두리] 탭의 '스타일'에서 실선, 하단 왼쪽과 오른쪽에 있는 대각선(◸, ◹)을 선택하고 [확인]을 클릭합니다.

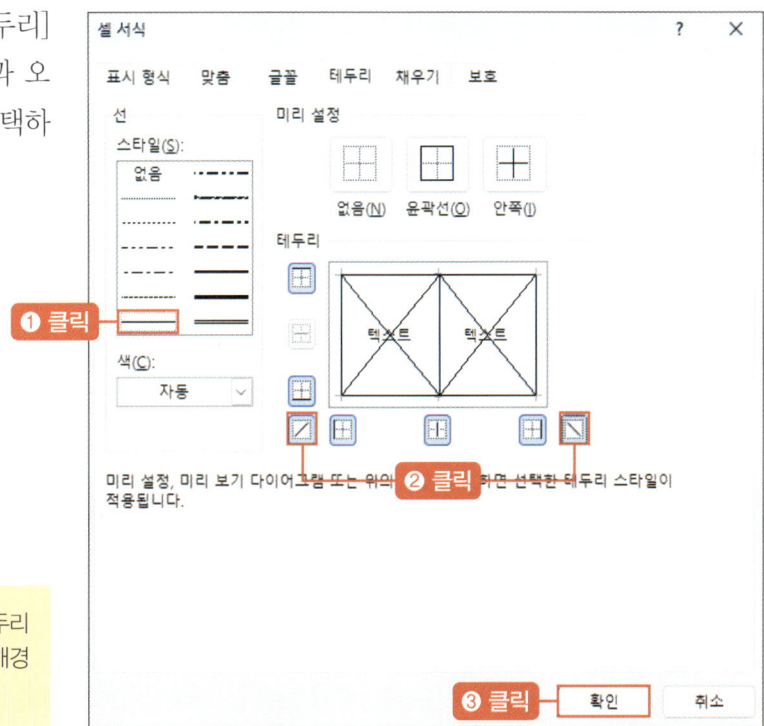

TIP [셀 서식] 대화상자의 [테두리] 탭에서는 테두리의 스타일과 색을, [채우기] 탭에서는 셀의 배경색을 지정할 수 있습니다.

# 셀프 테스트

**1** '지역_판매현황.xlsx' 파일을 불러와 [B2:D2]의 셀 서식을 다음과 같이 설정해 보세요.

| | A | B | C | D | E |
|---|---|---|---|---|---|
| 1 | | | | | |
| 2 | | 2024년 1분기 지역별 판매 현황 | | | |
| 3 | | | | | |
| 4 | | 제목 | 판매량 | 매출액 | |
| 5 | | 서울 | 150 | 1500000 | |
| 6 | | 부산 | 120 | 1200000 | |
| 7 | | 대구 | 80 | 800000 | |

**2** '지출_보고서.xlsx' 파일을 불러와 다음과 같이 셀 서식을 설정해 보세요.

| | A | B | C | D | E | F |
|---|---|---|---|---|---|---|
| 1 | | | | | | |
| 2 | | | 월별 지출 보고서 | | | |
| 3 | | | | | | |
| 4 | | 품목 | 1월 | 2월 | 3월 | |
| 5 | | 식비 | 300000 | 280000 | 320000 | |
| 6 | | 교통비 | 50000 | 60000 | 55000 | |
| 7 | | 월세 | 500000 | 500000 | 500000 | |
| 8 | | 용돈 | 1000000 | 900000 | 800000 | |

❸ '지역별_인구수.xlsx' 파일을 불러와 다음과 같이 셀 서식을 설정해 보세요.

| | A | B | C | D | E |
|---|---|---|---|---|---|
| 1 | | | | | |
| 2 | | 지역별 인구수와 면적 | | | |
| 3 | | | | | |
| 4 | | 지역 | 인구수 | 면적 | |
| 5 | | 강남구 | 537000 | 39.5 | |
| 6 | | 송파구 | 664000 | 33.9 | |
| 7 | | 마포구 | 380000 | 23.9 | |
| 8 | | 종로구 | 145000 | 23.9 | |
| 9 | | | | | |
| 10 | | | | | |
| 11 | | | | | |
| 12 | | | | | |
| 13 | | | | | |

❹ '매출_현황.xlsx' 파일을 불러와 다음과 같이 셀 서식을 설정해 보세요.

| | A | B | C | D | E | F |
|---|---|---|---|---|---|---|
| 1 | | | | | | |
| 2 | | 1분기 컴퓨터 매출 현황 | | | | |
| 3 | | | | | | |
| 4 | | 상품명 | 가격 | 수량 | 총액 | |
| 5 | | 노트북 | 1200000 | 5 | 6000000 | |
| 6 | | 마우스 | 25000 | 10 | 250000 | |
| 7 | | 키보드 | 80000 | 8 | 640000 | |
| 8 | | 전체 합계: | 6890000 | | | |
| 9 | | | | | | |
| 10 | | | | | | |
| 11 | | | | | | |
| 12 | | | | | | |
| 13 | | | | | | |

Excel 2021

# SECTION 06 데이터 표시 형식 설정하기

엑셀에서 복잡한 숫자를 한눈에 이해하기 쉽게 표시해 주는 것이 '표시 형식'입니다. 이번 단원에서는 숫자 데이터에 쉼표나 기호를 붙이고 백분율로 바꾸는 등 다양한 표시 형식을 설정하는 방법을 알아보겠습니다.

## 1 숫자 데이터의 표시 형식 설정하기

**1** '바이오IT.xlsx' 파일을 불러와 [D5:D9] 셀을 범위로 지정한 후 [홈] 탭에서 [표시 형식] 그룹의 [백분율 스타일(%)]을 클릭하여 소수를 백분율로 나타냅니다.

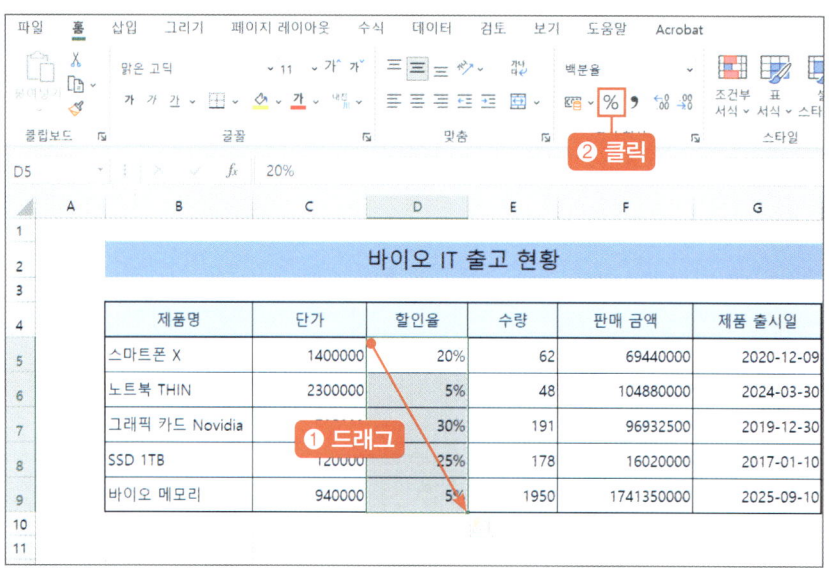

**2** [C5:C9] 셀을 드래그한 후 Ctrl 키를 누른 채 [F5:F9] 셀을 드래그하여 다중 범위를 지정합니다. [홈] 탭에서 [표시 형식] 그룹의 [쉼표 스타일(,)]을 클릭해서 금액의 천 단위마다 쉼표를 표시합니다.

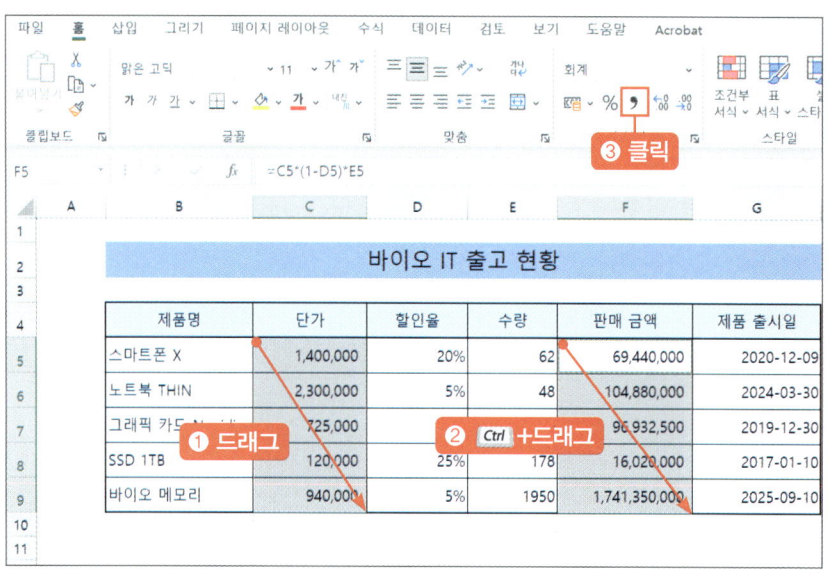

## 2 사용자 지정 표시 형식 설정하기

**1** 날짜 형식을 설정하기 위해서 [G5:G9] 셀을 범위 지정하고 마우스 오른쪽 버튼을 클릭하여 바로 가기 메뉴가 나타나면 [셀 서식]을 클릭합니다.

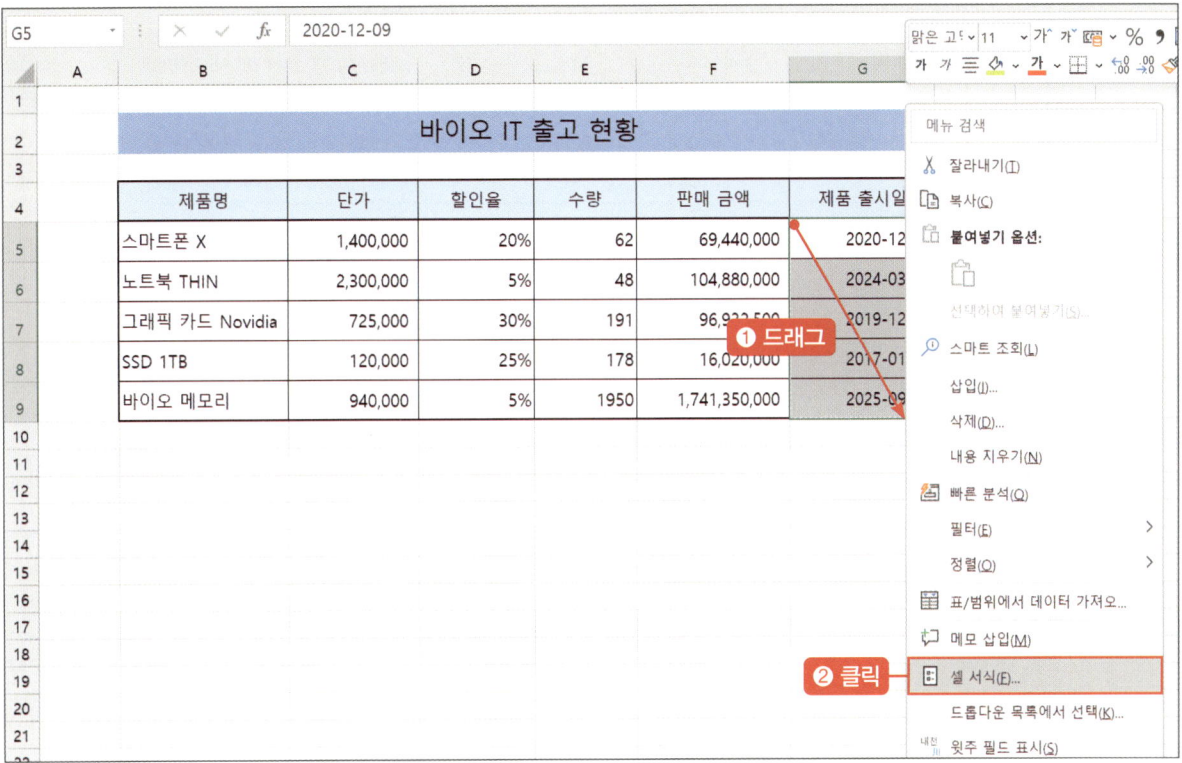

**2** [셀 서식] 대화상자가 나타나면 '범주'에서 '날짜'를 선택하고 '형식'에서 표시하려는 형식을 선택한 후 [확인]을 클릭합니다. 여기에서는 '*2012년 3월 14일 수요일'을 선택합니다.

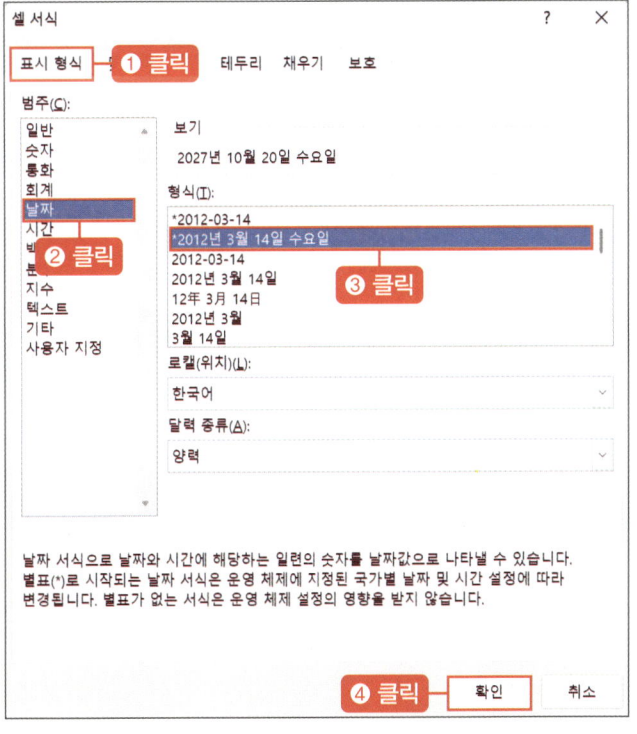

06 데이터 표시 형식 설정하기 • 39

③ [G] 열의 날짜 데이터가 모두 '#########'으로 표시됩니다. 열 머리글에서 [G] 열과 [H] 열 사이의 경계선을 오른쪽으로 드래그하여 날짜와 요일을 모두 표시합니다.

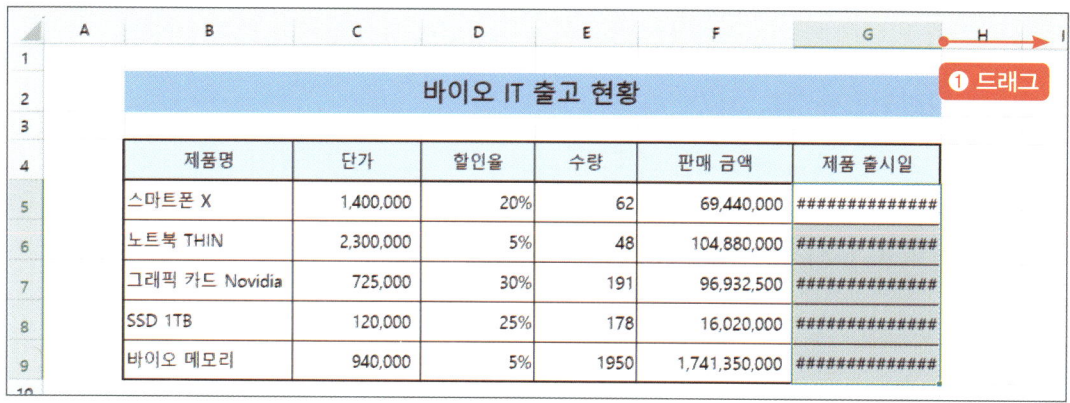

④ [E5:E9] 셀을 드래그하여 범위로 지정한 후 마우스 오른쪽 버튼을 클릭하여 바로 가기 메뉴가 나타나면 [셀 서식]을 선택합니다.

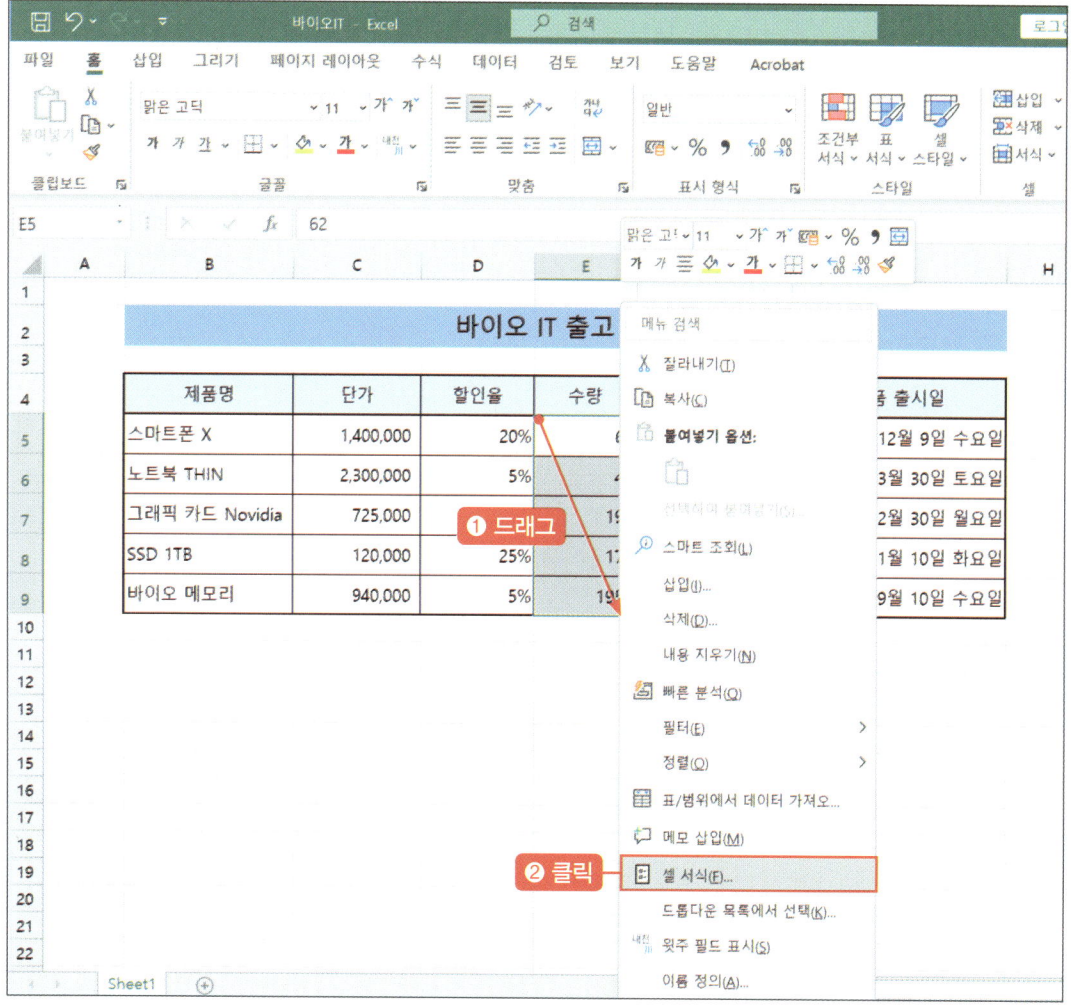

5 [셀 서식] 대화상자가 나타나면 [표시 형식] 탭에서 '범주'의 '사용자 지정'을 선택합니다. '형식'에서 '#,##0'을 클릭하여 선택한 다음, 형식 끝에 '"개"'를 입력하고 [확인]을 클릭합니다.

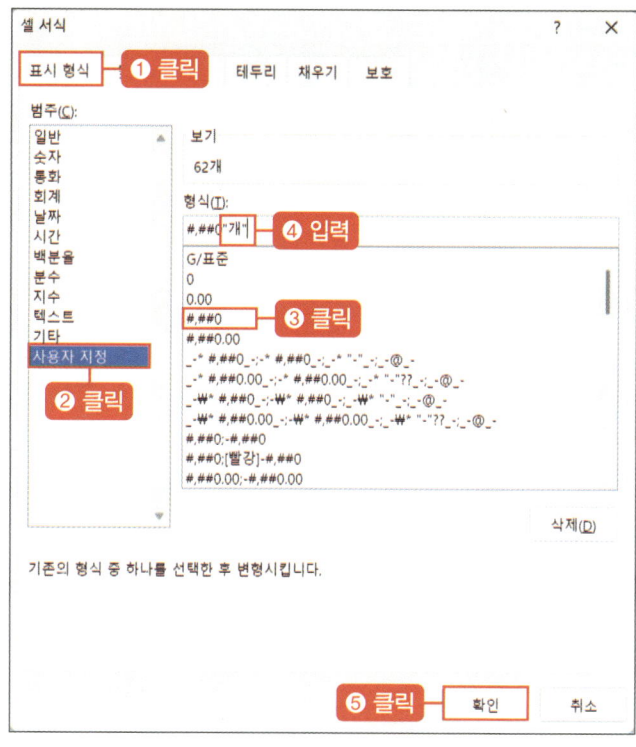

6 다음과 같이 [E5:E9] 셀에 있는 숫자 뒤에 '개'가 입력된 것을 확인할 수 있습니다.

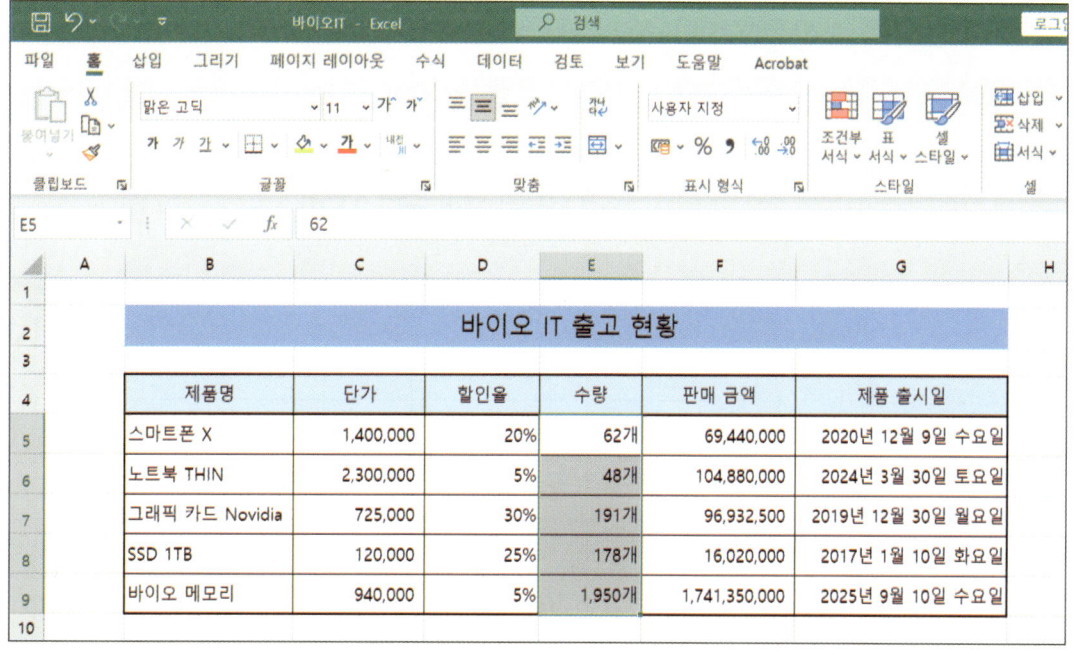

**TIP** 숫자 데이터 뒤에 '개'가 입력되었지만, 수식 입력줄에는 숫자만 표시됩니다. 이는 셀에 표시되는 형식만 바뀌고 숫자 데이터는 변경되지 않았다는 것을 의미합니다.

## 셀프 테스트

**1** '과장_연봉.xlsx' 파일을 불러와 [D4:D7] 셀의 날짜와 [E4:E7] 셀의 숫자 데이터의 표시 형식을 다음과 같이 지정해 보세요.

### 우리회사 과장 연봉

| 부서 | 이름 | 생년월일 | 연봉 |
|---|---|---|---|
| 영업부 | 나희도 | 1987년 4월 6일 | 78,000,000 |
| 총무부 | 금지연 | 1980년 12월 12일 | 76,000,000 |
| 개발부 | 수나라 | 1992년 10월 25일 | 72,200,000 |
| 생산부 | 피수란 | 1990년 9월 14일 | 73,150,000 |

**2** '영업부_매출.xlsx' 파일을 불러와 [D]~[E] 열의 숫자 데이터와 [F] 열의 소수 데이터에 각각 쉼표와 백분율로 표시 형식을 지정해 보세요.

### 영업부 매출 성과

| 이름 | 부서 | 목표액 | 매출액 | 달성률 |
|---|---|---|---|---|
| 이나리 | 영업1부 | 120,000,000 | 140,000,000 | 117% |
| 김미영 | 영업2부 | 132,500,000 | 214,584,000 | 162% |
| 조한수 | 영업2부 | 292,000,000 | 232,045,000 | 79% |
| 수미자 | 영업1부 | 98,400,000 | 103,457,000 | 105% |
| 나타샤 | 해외영업부 | 210,000,000 | 193,487,000 | 92% |

③ '부동산_매물.xlsx' 파일을 불러와 [C] 열, [D] 열, [E] 열의 데이터 뒤에 각각 '평', '층', '억'으로 표시 형식을 지정해 보세요.

### 우리 부동산 매물

| 매물 | 평형 | 층 | 가격 | 특징 |
|---|---|---|---|---|
| 푸르지오 1차 | 32평 | 3층 | 9억 | 정남향 |
| LH 2차 | 42평 | 22층 | 12억 | 서향 |
| 데시앙 | 28평 | 18층 | 7억 | 역에서 15분 |
| 두산 위브 | 62평 | 2층 | 22억 | 역에서 도보 2분 |
| 이편한세상 2차 | 32평 | 19층 | 15억 | 건물 내 대형 마트 |
| 레미안 3차 | 24평 | 8층 | 12억 | 근린생활 우수 |

④ '문화센터.xlsx' 파일을 불러와 [D], [E], [F] 열 뒤에 각각 '명', '요일', '원'을 표시하고, 강의 시간은 '오후 1:30'과 같은 표시 형식으로 지정해 보세요.

### 우리동네 문화센터 강좌

| 강좌명 | 강사명 | 수강인원 | 강의요일 | 수강료 | 강의시간 |
|---|---|---|---|---|---|
| 초급수영 | 이숙희 | 20명 | 화요일 | 30,000원 | 오후 5:00 |
| 고급수영 | 나우림 | 20명 | 목요일 | 45,000원 | 오후 5:00 |
| 밸리댄스 | 설미도 | 50명 | 수요일 | 25,000원 | 오전 10:00 |
| 개인PT | 김종희 | 2명 | 토요일 | 150,000원 | 오후 6:00 |
| 스마트폰 | 전종서 | 30명 | 월요일 | 20,000원 | 오전 10:00 |
| 한식조리사 | 한미리 | 20명 | 금요일 | 50,000원 | 오후 5:00 |

Excel 2021

# 07 그림 삽입하고 변경하기
SECTION

엑셀에서도 그림을 넣어서 작업하는 경우가 많습니다. 삽입한 그림은 용도에 맞게 크기를 변경하고 배경색을 변경할 수 있습니다. 여기에서는 그림을 삽입하고 크기를 변경하는 방법과 함께, 셀을 그림으로 복사하여 사용하는 방법을 알아보겠습니다.

## 1 그림 삽입하고 위치와 크기 바꾸기

**1** '신제품보고서.xlsx' 파일을 불러온 후 [C6] 셀을 선택하고 [삽입] 탭의 [일러스트레이션] 그룹에서 [그림]-[이 디바이스]를 클릭합니다.

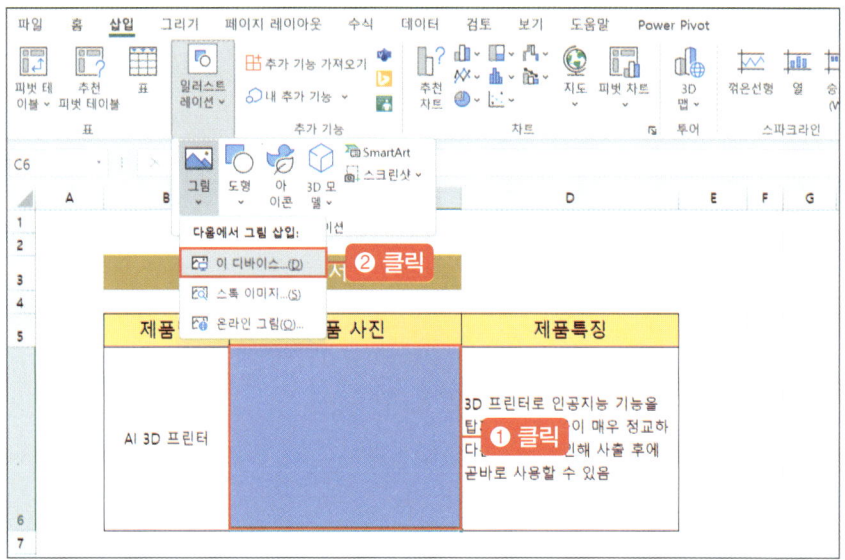

**2** [그림 삽입] 대화상자가 나타나면 실습 예제가 있는 폴더에서 'ai_printer' 파일을 선택하고 [삽입]을 클릭합니다.

44 · 정보화 실무 엑셀 2021

❸ 그림이 삽입되었으면 오른쪽 하단의 모서리 조절점을 클릭한 채로 드래그하여 [C6] 셀 안에 들어가도록 크기를 변경합니다.

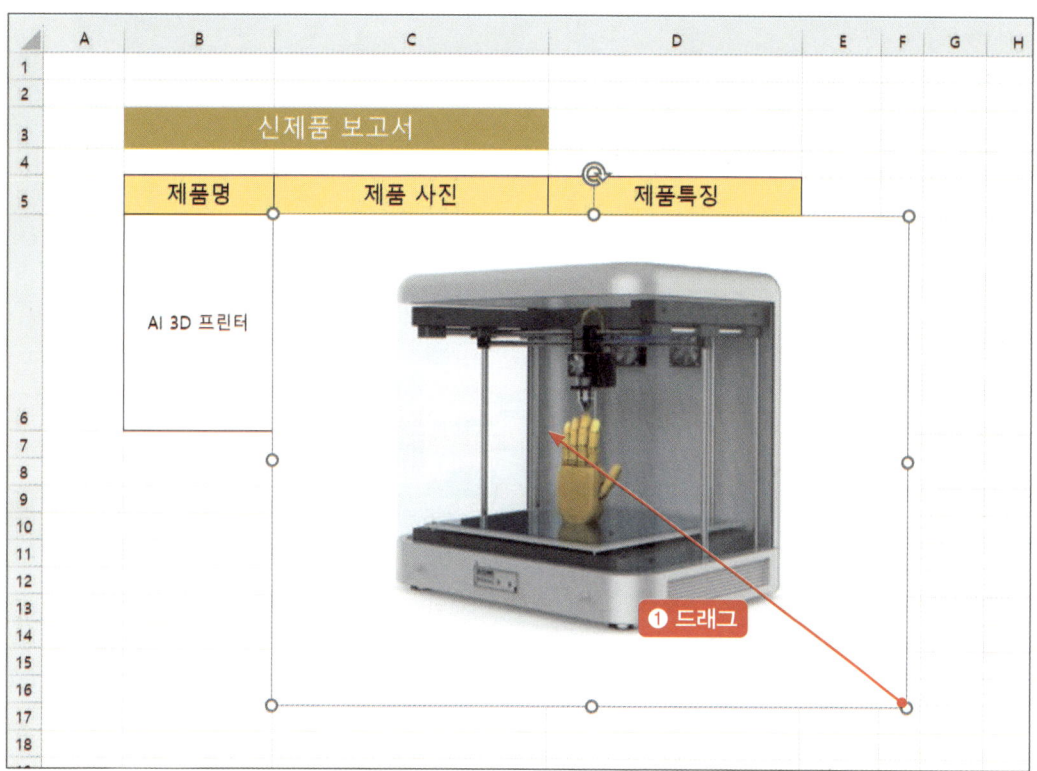

❹ 그림의 배경색을 삭제하기 위해서 그림을 선택하고 [그림 서식] 탭에서 [조정] 그룹의 [배경 제거]를 클릭합니다.

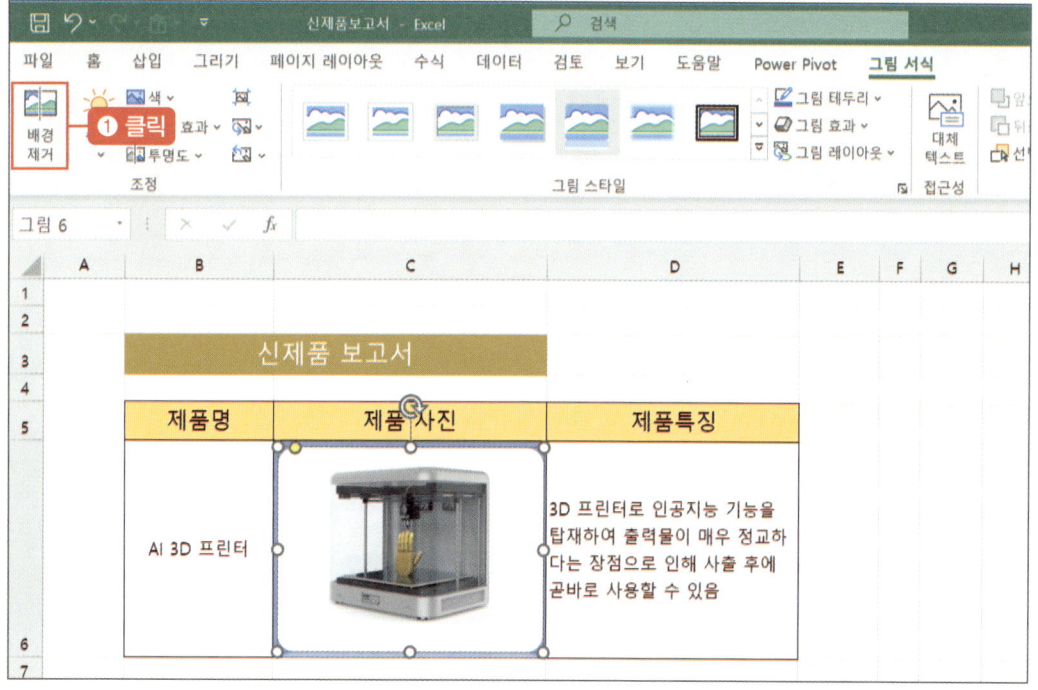

**5** 그림의 배경색 부분이 붉은색으로 표시되어 있으면 [배경 제거] 탭의 [닫기] 그룹에서 [변경 내용 유지]를 클릭합니다.

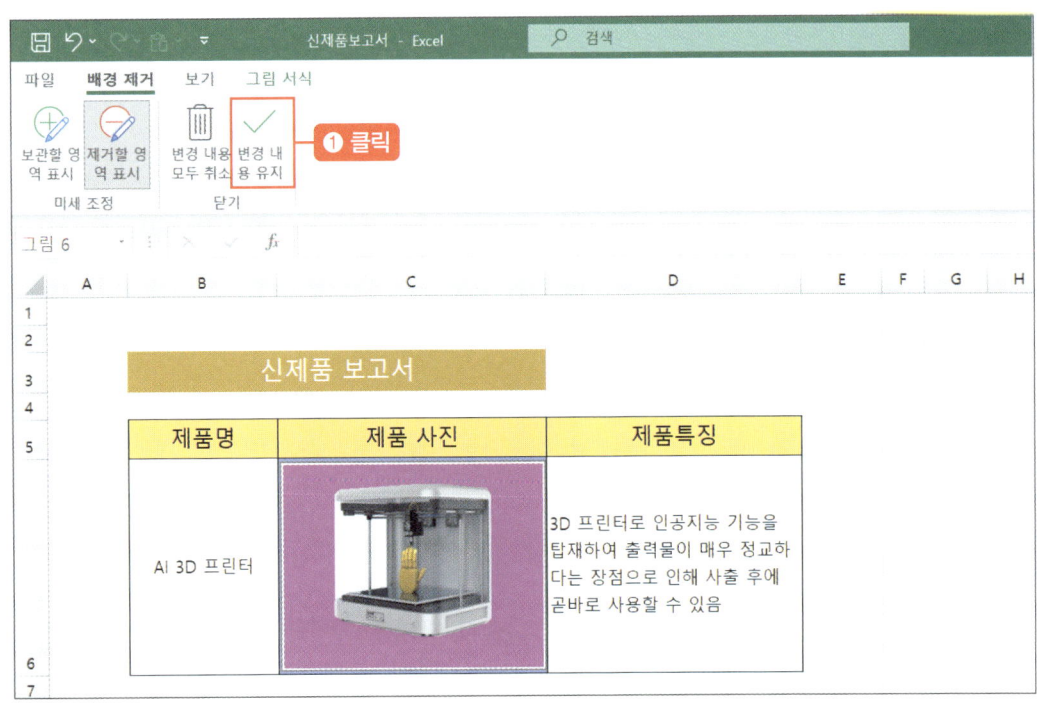

**TIP** 만일 배경색이 붉은색이 아니고 흰색으로 표시되었을 경우에는 [배경 제거] 탭의 [미세 조정] 그룹의 [제거할 영역 표시]를 선택하고 그림의 배경 부분을 클릭합니다.

**6** 그림의 배경이 투명해지면서 [C6] 셀의 배경색 위에 그림이 표시됩니다.

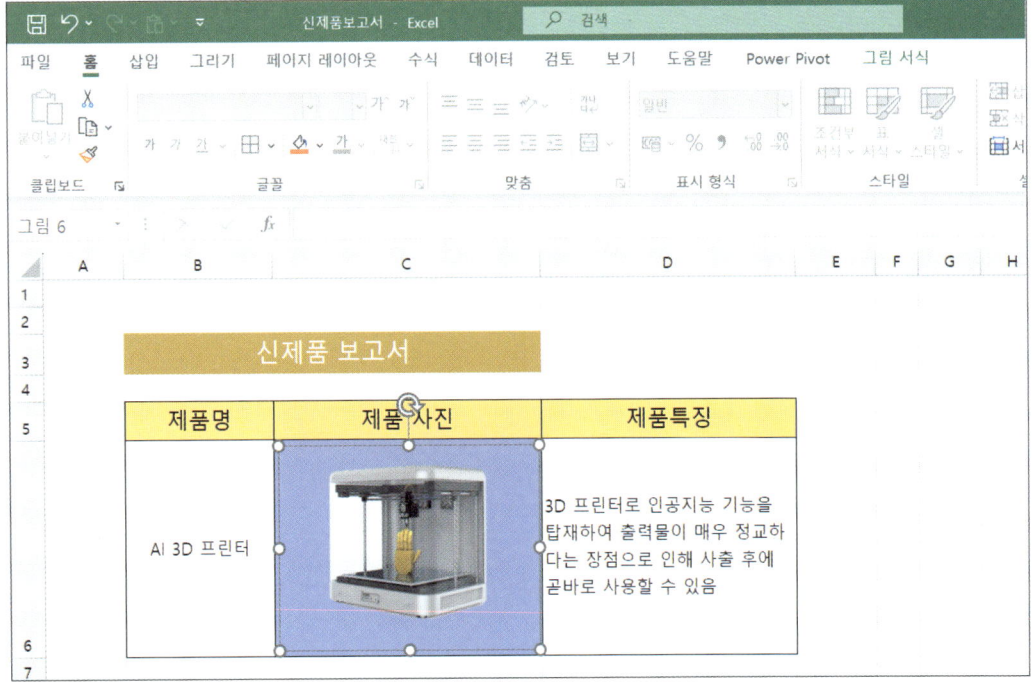

## 2 셀을 그림으로 복사하여 붙여넣기

**1** [F8:I9] 셀에 다음과 같이 결재란을 만든 후 드래그하여 영역을 지정하고 [홈] 탭에서 [클립보드] 그룹의 [복사]-[그림으로 복사]를 클릭합니다. [그림 복사] 대화상자가 나타나면 '모양'은 '화면에 표시된 대로', '형식'은 '그림'으로 선택하고 [확인]을 클릭합니다.

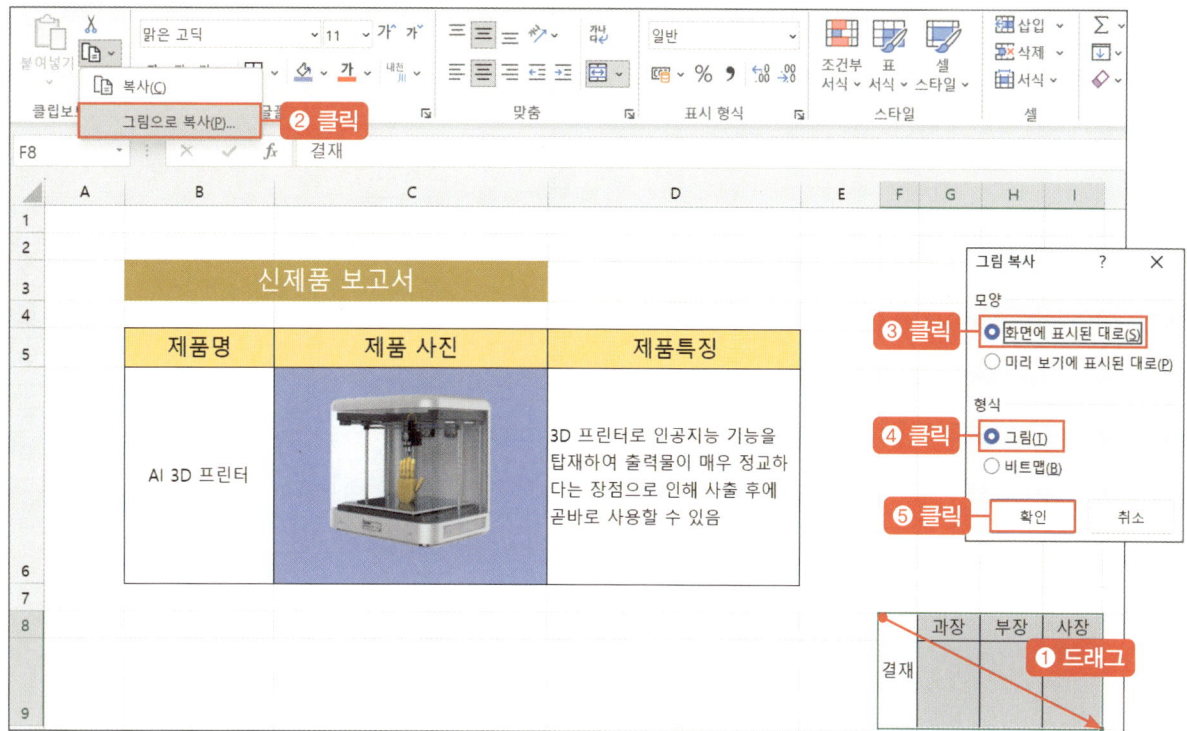

**2** Ctrl + V 키를 누르거나 [홈] 탭의 [클립보드] 그룹에서 [붙여넣기]를 클릭한 후 [F8:I9] 셀로 위치를 변경합니다. 그림을 다음과 같이 모서리 조절점을 드래그하여 크기를 조절합니다.

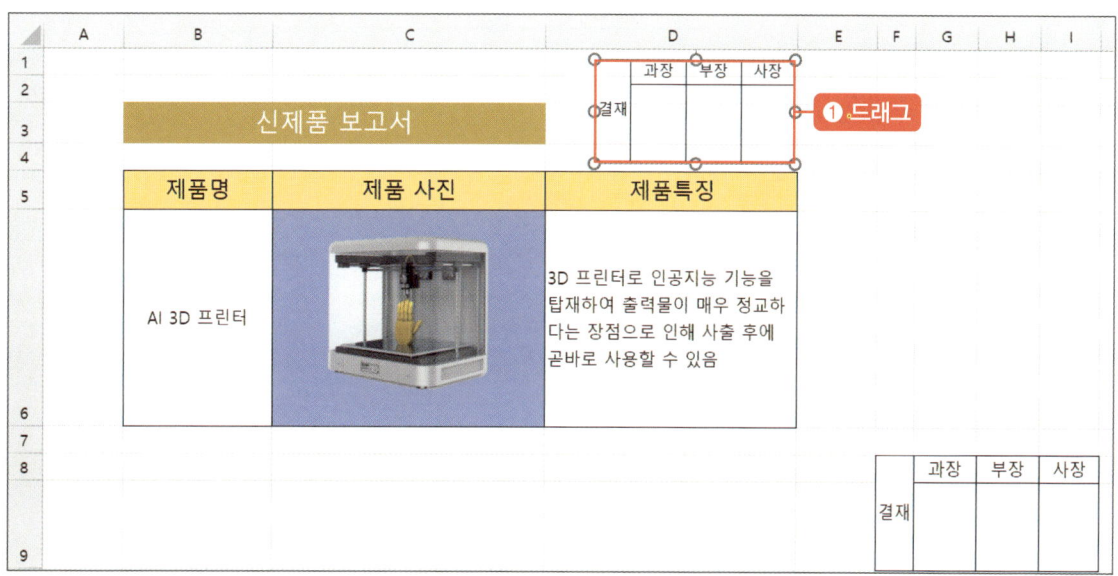

# 셀프 테스트

**1** '사과달력.xlsx' 파일을 불러와 [D3] 셀 안에 'apple1.jpg' 파일을 삽입하고 크기와 위치를 다음과 같이 변경해 보세요.

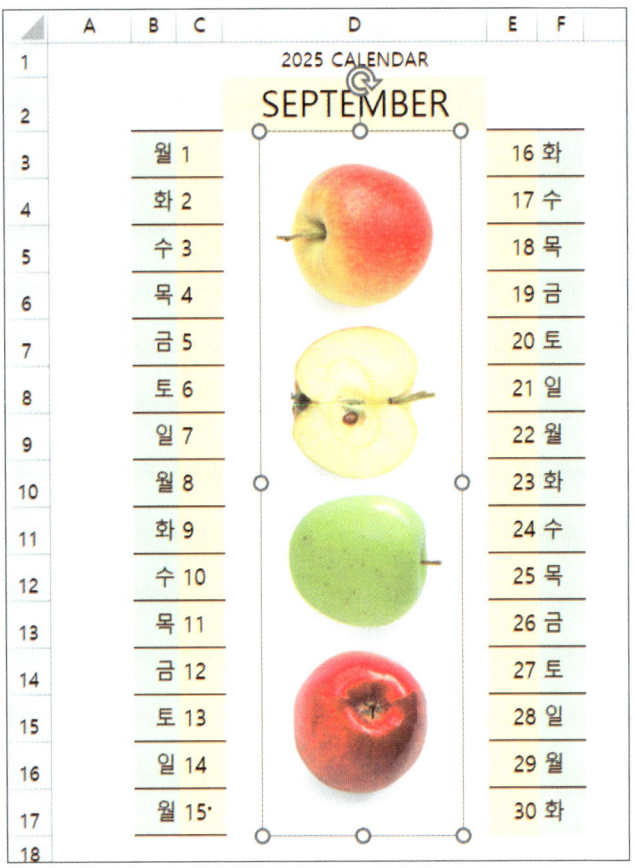

**2** '5개의 사과.xlsx' 파일을 불러와 'apple2.jpg' 파일을 삽입하고, 다음과 같이 크기와 위치를 조절한 후 배경을 투명하게 만들어 보세요.

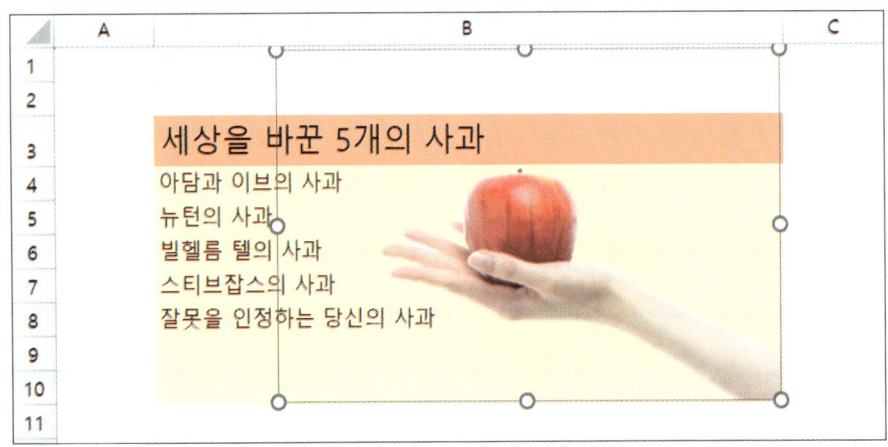

③ 빈 화면에 'city.jpg' 파일을 먼저 삽입하고 그 위에 'emblem.jpg' 파일을 삽입한 후 다음과 같이 크기와 위치를 조절해 보세요.

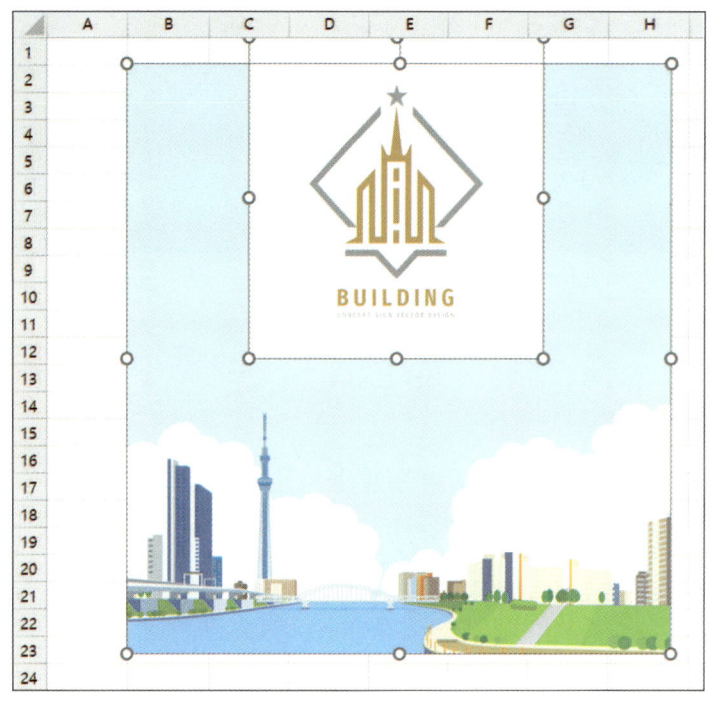

④ 'emblem.jpg' 파일을 선택하고 배경을 모두 삭제해 보세요. 단, 그림 아래의 글자와 위의 별을 모두 표시해야 합니다.

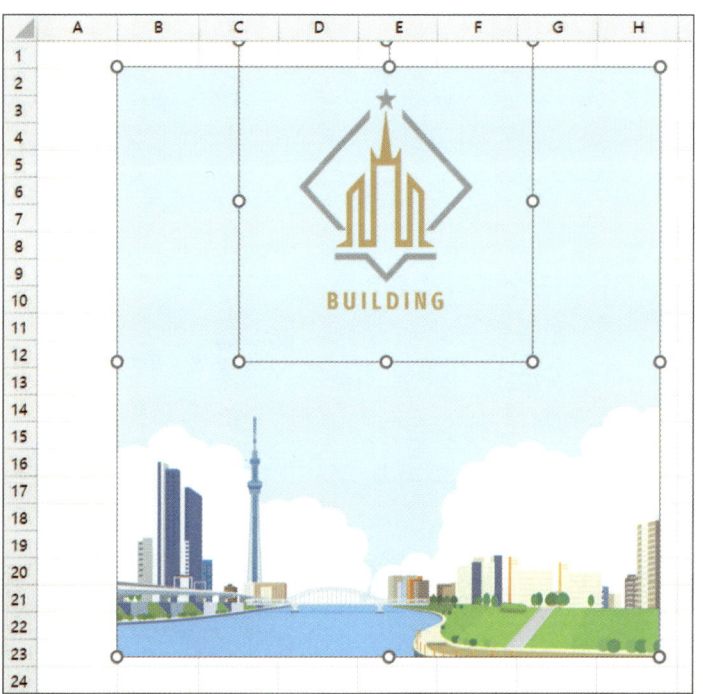

# 08 워크시트 인쇄하기

**SECTION** Excel 2021

엑셀은 워크시트에 데이터를 입력하는 형태이므로, 인쇄를 하려면 미리보기를 이용해서 페이지 단위로 조절하고 여백과 용지 방향 등을 설정해야 합니다.

## 1 인쇄 영역 설정하기

**①** '강수량비교.xlsx' 파일을 불러옵니다. [보기] 탭에서 [통합 문서 보기] 그룹의 [페이지 나누기 미리 보기]를 클릭하면 인쇄 범위가 표시됩니다. 왼쪽의 [A] 열을 인쇄 영역에서 제외하기 위해 [A] 열 앞의 파란색 경계선을 [B] 열 앞으로 드래그합니다.

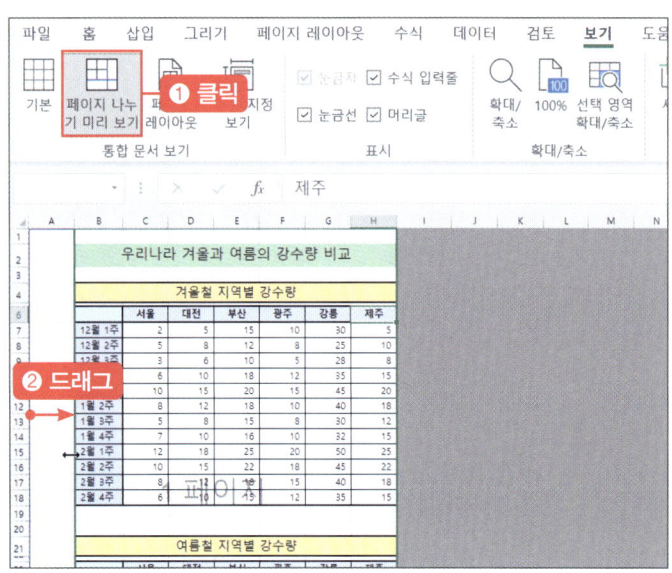

**②** [1] 행도 인쇄되지 않도록 하기 위해 [1] 행 위의 파란색 경계선을 [2] 행 위로 드래그합니다. [페이지 레이아웃] 탭의 [페이지 설정] 그룹에서 [나누기]-[페이지 나누기 삽입]을 클릭합니다.

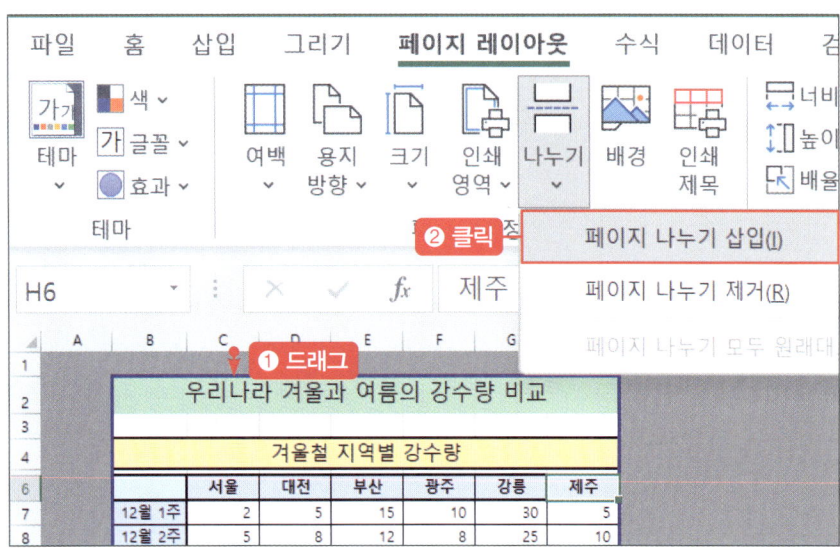

**3** 페이지 나누기 표시선이 나타나면 가로 방향의 페이지 나누기 표시선을 [19] 행과 [20] 행 사이로 드래그하여 상단을 1페이지, 하단을 2페이지로 설정합니다.

> **TIP** 사용자의 컴퓨터에 설치된 프린터 드라이버의 종류와 용지 크기에 따라 페이지 나누기 선이 그림과 다르게 표시될 수 있습니다.

**4** 세로 방향의 페이지 나누기 표시선을 클릭한 채로 [H] 열 뒤로 드래그합니다.

## 2 페이지 설정하기

**1** 워크시트를 인쇄하기 위해서 [파일] 탭을 클릭하면 백스테이지 뷰가 나타납니다. 왼쪽에서 [인쇄]를 선택한 후 가장 아래에 있는 [페이지 설정]을 클릭합니다. [페이지 설정] 대화상자가 나타나면 [여백] 탭에서 '페이지 가운데 맞춤'을 '가로'로 선택하고 [확인]을 클릭합니다.

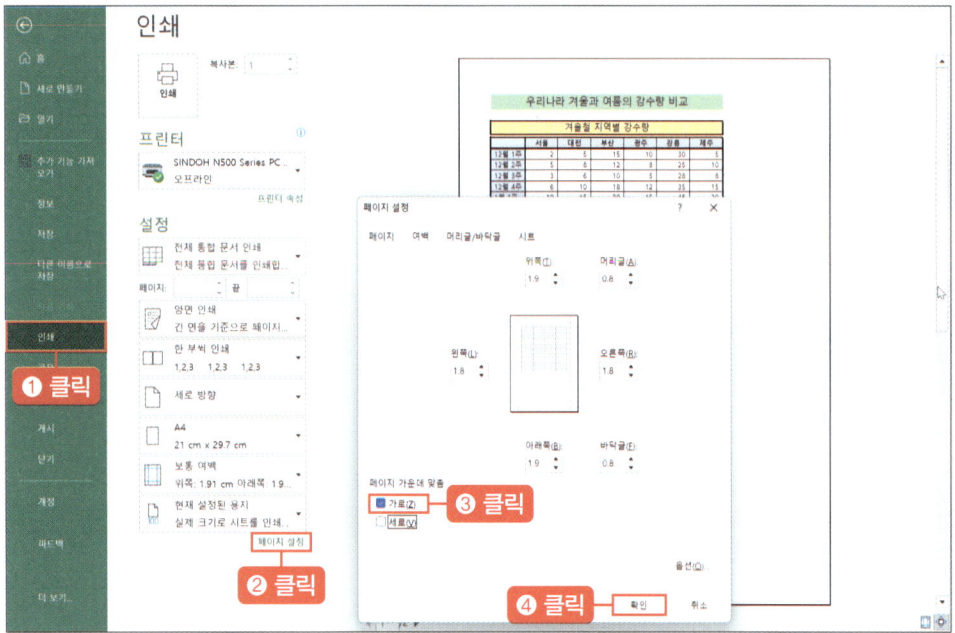

**2** 인쇄 용지를 [가로 방향]으로 선택하고 하단의 [여백 표시]를 클릭합니다. 상단의 여백 표시선을 아래로 드래그하여 여백을 조절합니다. 모든 설정을 마쳤으면 [인쇄]를 클릭합니다.

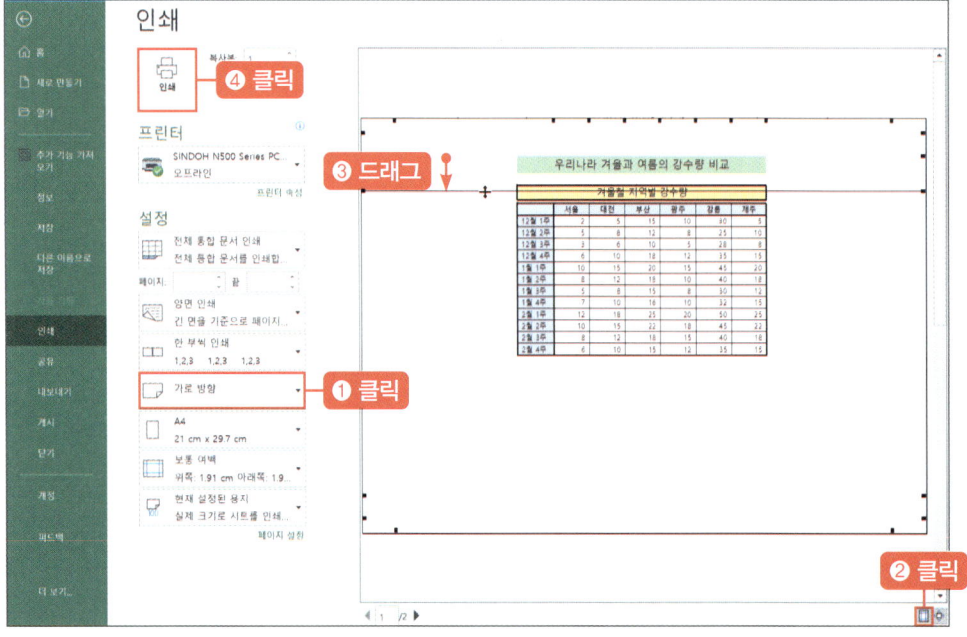

# 셀프 테스트

**1** '대륙별평균기온.xlsx' 파일을 불러와서 데이터가 있는 영역이 한 페이지에 출력되도록 설정하고 '대륙별평균기온-완성1.xlsx' 파일로 저장해 보세요.

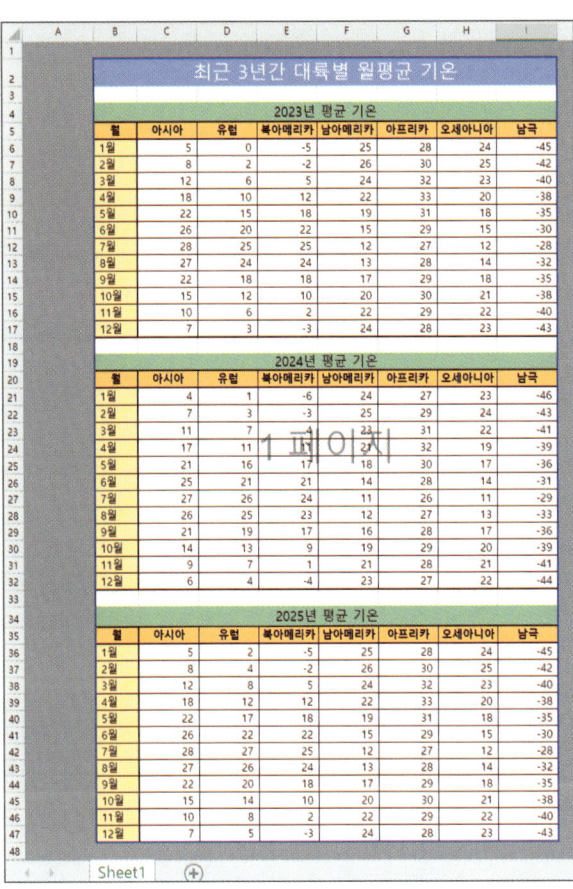

**2** '대륙별평균기온.xlsx' 파일을 불러와서 연도별로 인쇄 페이지를 분리하고 용지를 가로 방향으로 변경한 후 용지의 중앙에 출력되도록 설정해 보세요.

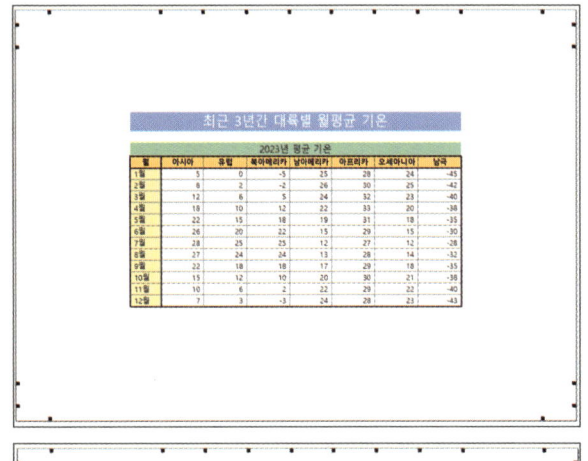

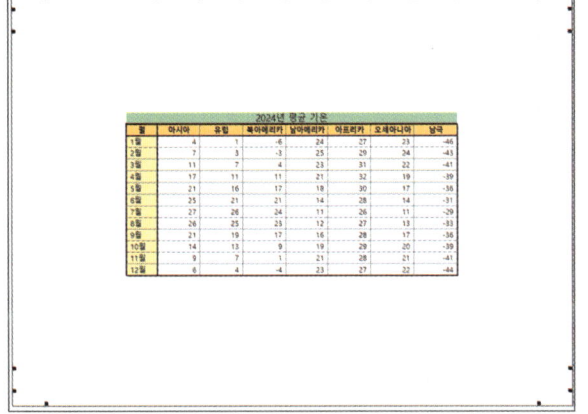

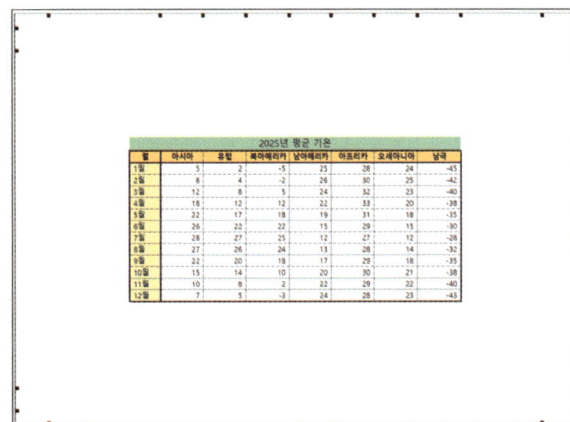

08 워크시트 인쇄하기 • 53

Excel 2021

# 09 수식 입력과 셀 참조
SECTION

엑셀에서는 수식을 이용하여 계산을 쉽고 빠르며 정확하게 수행할 수 있습니다. 여기에서는 간단한 판매 현황표를 이용해서 사칙연산 수식을 입력하고, 수식 자동 채우기를 할 때 항상 특정 셀을 고정해서 참조하는 절대 참조에 대해 알아보겠습니다.

## 1 수식 입력하기

**1** '전시회_판매현황.xls' 파일을 불러옵니다. '총판매 수량'을 구하기 위해 [G6] 셀에 '='을 입력하고 [E6] 셀을 클릭한 후 '+'를 입력하고 [F6] 셀을 클릭합니다. '=E6+F6' 수식이 만들어졌으면 Enter 키를 누릅니다.

**2** '1일차 수량'과 '2일차 수량'의 합계가 구해집니다. [G6] 셀의 오른쪽 하단의 자동 채우기 핸들을 [G14] 셀까지 드래그하여 총판매 수량을 모두 채웁니다.

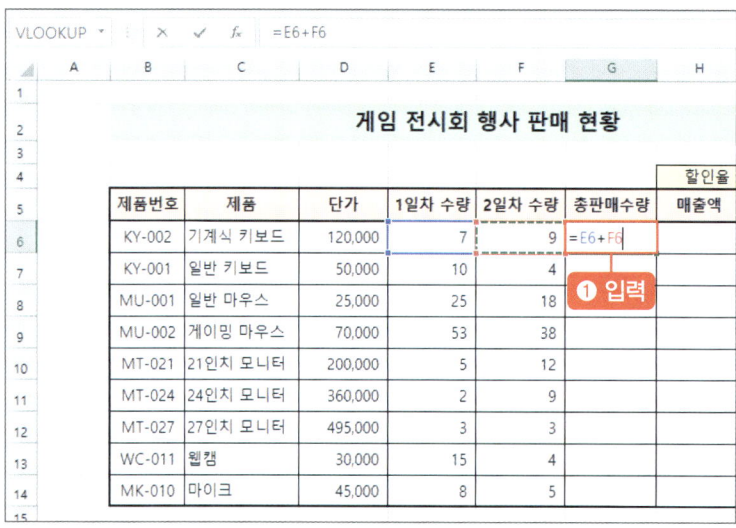

❸ '단가'와 '총판매 수량'을 이용해서 매출액을 구해 보겠습니다. [H6] 셀에 '='을 입력하고 [D6] 셀을 클릭한 후 '*'를 입력하고 [G6] 셀을 클릭합니다. '=D6*G6'로 수식이 완성되면 Enter 키를 누릅니다.

❹ [H6] 셀에 매출액이 구해지면 자동 채우기 기능으로 수식을 복사하여 제품별 매출액을 구합니다.

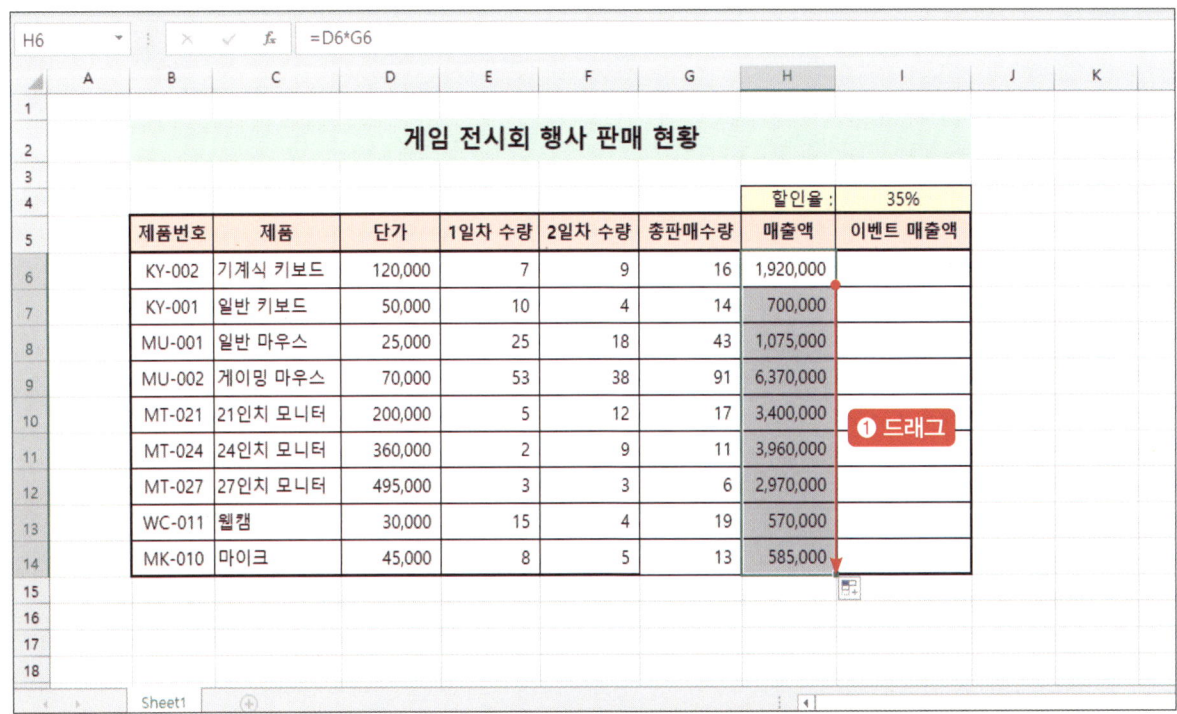

## 2 셀 참조하기

**1** [I6] 셀에 할인율이 적용된 매출액을 구하기 위해 '=H6*(1-$I$4)'를 입력하고 Enter 키를 누릅니다. '$I$4'를 입력하는 것은 자동 채우기 기능을 이용하여 수식을 복사하더라도 항상 [I4] 셀의 데이터를 고정해서 계산해야 하기 때문입니다. 이렇게 수식을 복사하더라도 데이터를 고정해서 참조하는 것을 '절대 참조'라고 합니다.

**2** [I6] 셀에 결괏값이 구해지면 자동 채우기 핸들을 [I14] 셀까지 드래그하여 모든 제품에 35%의 할인율이 적용된 매출액을 구합니다.

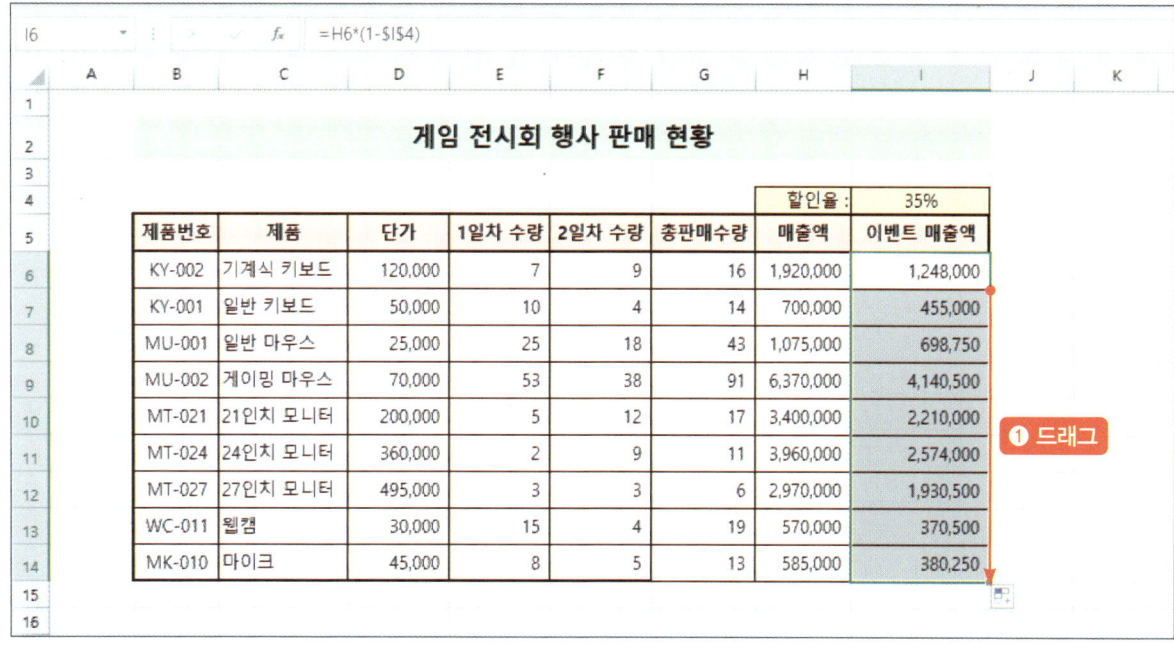

③ [수식] 탭에서 [수식 분석] 그룹의 [수식 표시]를 클릭하면 [G6:I14] 셀에 사용된 수식이 표시됩니다. 자동 채우기 기능으로 수식이 복사될 때 총판매 수량과 매출액은 행 번호가 1씩 증가했지만 절대 참조가 적용된 이벤트 매출액의 경우 '$I$4'는 변하지 않았습니다.

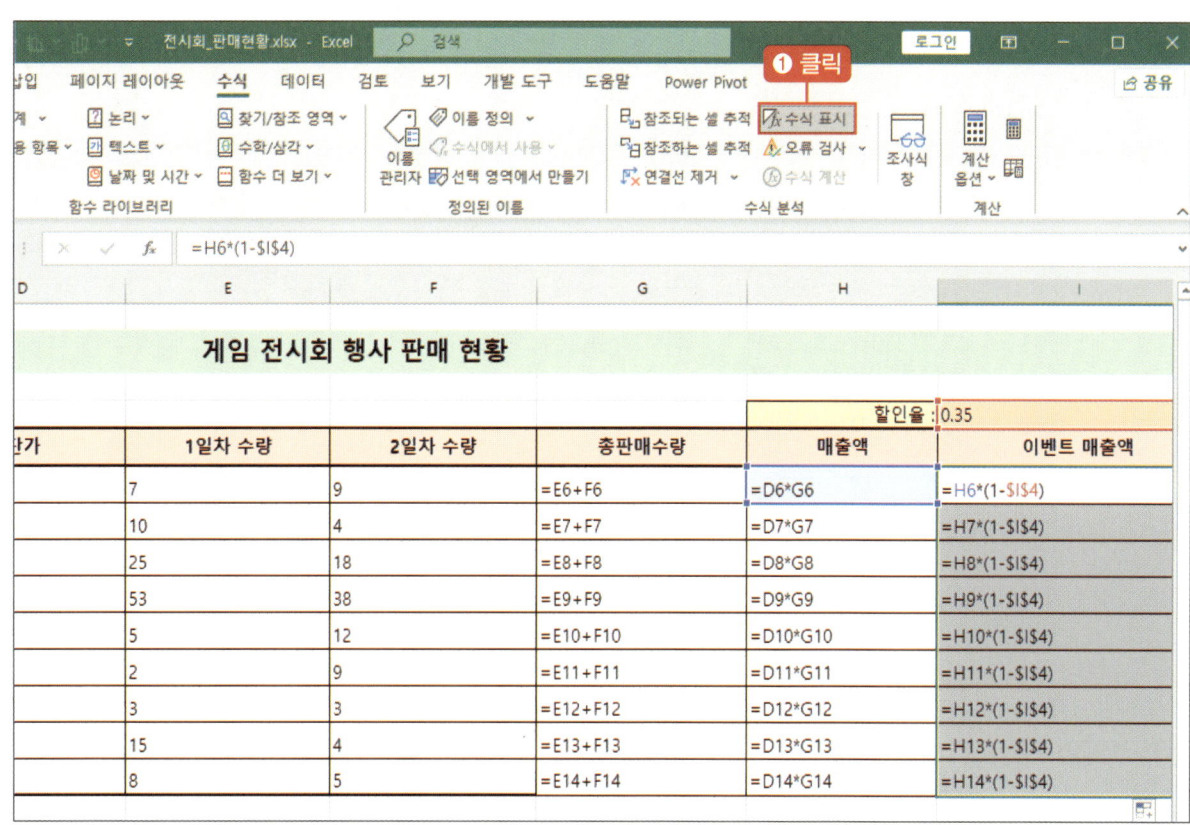

④ [수식] 탭에서 [수식 분석] 그룹의 [수식 표시]를 다시 한번 클릭하여 수식 표시를 해제합니다. [I4] 셀의 할인율을 20%로 수정하면 이벤트 매출액이 모두 변경되는 것을 확인할 수 있습니다.

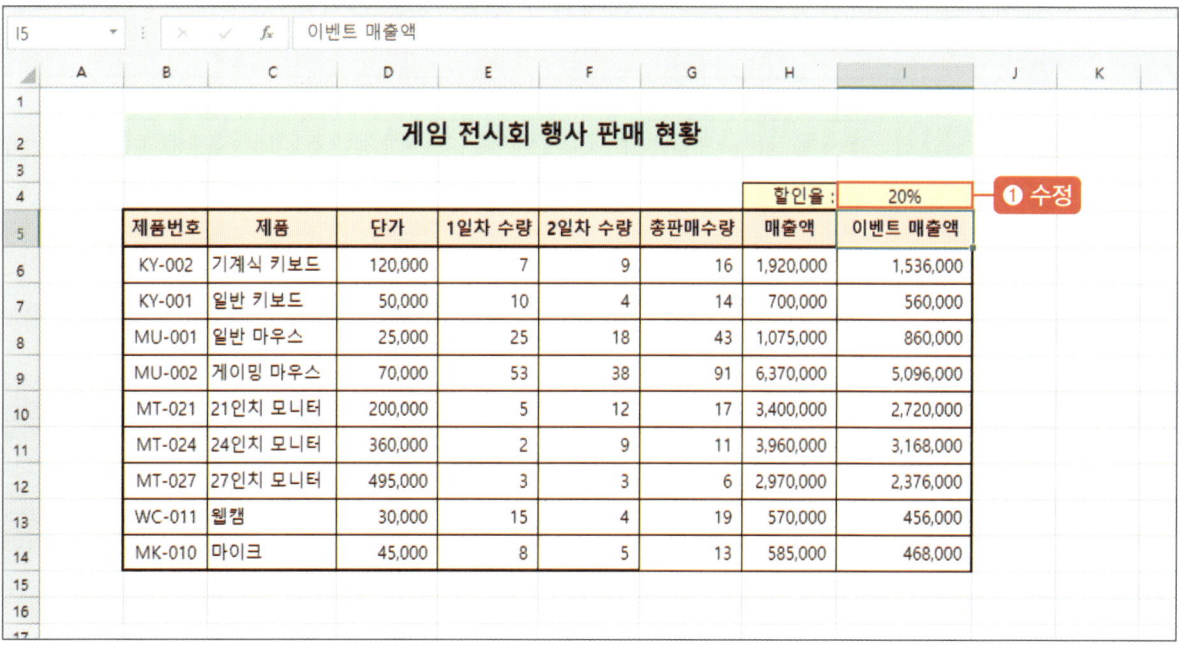

## 셀프 테스트

**1** '기말고사성적.xlsx' 파일을 불러와 총점과 평균을 수식으로 계산하고 자동 채우기 기능으로 완성해 보세요.

### 2학년 5반 기말 고사 성적표

| 학생 | 국어 | 수학 | 영어 | 과학 | 총점 | 평균 |
|---|---|---|---|---|---|---|
| 김민준 | 92 | 72 | 85 | 54 | 303 | 76 |
| 이서연 | 88 | 91 | 90 | 68 | 337 | 84 |
| 박지후 | 75 | 68 | 65 | 72 | 280 | 70 |
| 최도윤 | 95 | 79 | 70 | 66 | 310 | 78 |
| 정하윤 | 81 | 95 | 50 | 45 | 271 | 68 |
| 강은서 | 68 | 88 | 80 | 77 | 313 | 78 |
| 조예준 | 90 | 75 | 75 | 62 | 302 | 76 |
| 윤수아 | 72 | 60 | 60 | 45 | 237 | 59 |
| 장시우 | 85 | 82 | 70 | 68 | 305 | 76 |

**2** '영업부실적.xlsx' 파일을 불러와 차이와 달성률을 수식으로 계산하고 자동 채우기 기능으로 완성해 보세요.

### 영업부 목표 대비 실적

| 부서 | 직급 | 목표 | 실적 | 차이 | 달성률 |
|---|---|---|---|---|---|
| 홍길동 | 부장 | 123,000,000 | 174,583,200 | 51,583,200 | 142% |
| 장반수 | 부장 | 132,000,000 | 193,254,900 | 61,254,900 | 146% |
| 나수달 | 차장 | 243,500,000 | 205,498,200 | - 38,001,800 | 84% |
| 김병기 | 차장 | 285,400,000 | 242,567,200 | - 42,832,800 | 85% |
| 고상달 | 차장 | 349,500,000 | 359,634,500 | 10,134,500 | 103% |
| 주당모 | 과장 | 194,500,000 | 204,856,700 | 10,356,700 | 105% |
| 모지리 | 과장 | 210,500,000 | 189,567,000 | - 20,933,000 | 90% |

**3** '화장품손익.xlsx' 파일을 불러와 차익과 판매금액 및 손익을 수식으로 계산하고 자동 채우기 기능으로 완성해 보세요.

| 제품번호 | 제품명 | 판매가 | 매입가 | 차익 | 판매수량 | 판매금액 | 손익 |
|---|---|---|---|---|---|---|---|
| | | | 제품 판매 손익 계산 | | | | |
| C001 | 톤업 선크림 | 32,000 | 18,000 | 14,000 | 250 | 8,000,000 | 3,500,000 |
| C002 | 수분 앰플 | 45,000 | 25,000 | 20,000 | 180 | 8,100,000 | 3,600,000 |
| C003 | 리페어 크림 | 58,000 | 35,000 | 23,000 | 120 | 6,960,000 | 2,760,000 |
| C004 | 클렌징 워터 | 21,000 | 10,000 | 11,000 | 300 | 6,300,000 | 3,300,000 |
| C005 | 컬러 립밤 | 18,000 | 8,500 | 9,500 | 450 | 8,100,000 | 4,275,000 |
| C006 | 헤어 에센스 | 29,000 | 15,000 | 14,000 | 90 | 2,610,000 | 1,260,000 |

**4** '출석일수.xlsx' 파일을 불러와 강의 일수와 결강 일수를 수식으로 계산하고 자동 채우기 기능으로 완성해 보세요.

컴퓨터 교육론 학생별 출석 일수

| 학생명 | 3월 출석 일수 | 4월 출석 일수 | 5월 출석 일수 | 총 출석 일수 | 결강 일수 |
|---|---|---|---|---|---|
| | | | | 총 강의 일수 | 11일 |
| 이나래 | 4일 | 4일 | 3일 | 11일 | 0일 |
| 손담비 | 4일 | 4일 | 3일 | 11일 | 0일 |
| 나명학 | 4일 | 4일 | 3일 | 11일 | 0일 |
| 고이래 | 4일 | 4일 | 3일 | 11일 | 0일 |
| 김소리 | 3일 | 4일 | 3일 | 10일 | -1일 |
| 이수리 | 4일 | 4일 | 3일 | 11일 | 0일 |
| 고수래 | 4일 | 4일 | 2일 | 10일 | -1일 |
| 고명수 | 4일 | 3일 | 3일 | 10일 | -1일 |
| 송희자 | 4일 | 4일 | 3일 | 11일 | 0일 |
| 구수명 | 4일 | 2일 | 3일 | 9일 | -2일 |
| 수아비 | 4일 | 1일 | 3일 | 8일 | -3일 |

Excel 2021

# SECTION 10 함수 기본 익히기

엑셀의 중요한 기능 중 하나는 함수입니다. 함수를 잘 활용하면 복잡한 계산을 편리하게 할 수 있습니다. 여기에서는 간단하게 데이터의 합계와 평균을 구하는 방법을 알아보겠습니다.

## 1 자동 합계와 평균 구하기

**1** '함수_영업부매출.xlsx' 파일을 불러옵니다. [D13] 셀을 선택하고 [수식] 탭의 [함수 라이브러리] 그룹에서 [자동 합계]를 클릭하여 '=SUM(D5:D12)'가 자동으로 입력되면 Enter 키를 누릅니다.

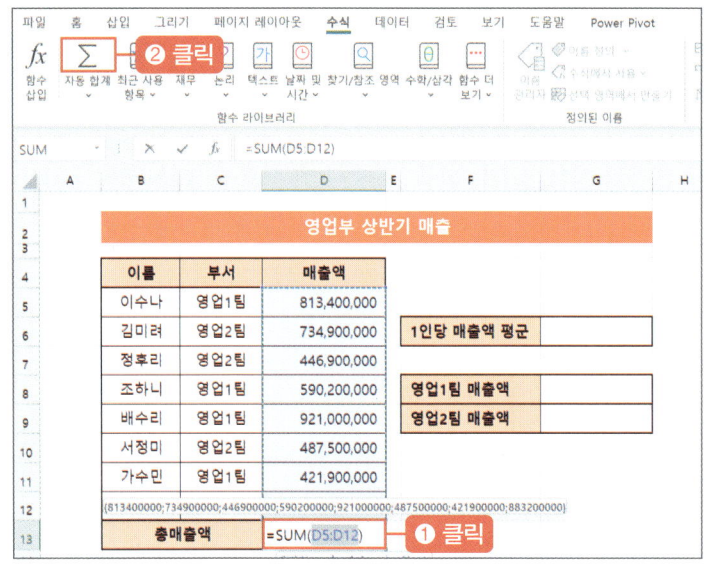

**TIP** SUM 함수는 선택한 영역의 합계를 구해줍니다.

**2** [G6] 셀을 선택하고 [수식] 탭의 [함수 라이브러리] 그룹에서 [자동 합계]의 펼치기(⌄)를 클릭한 후 [평균]을 선택합니다.

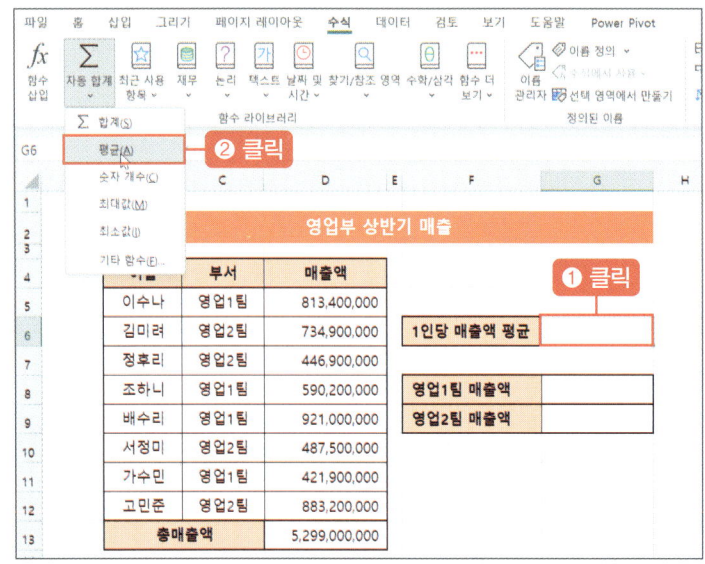

❸ [G6] 셀에 '=AVERAGE(D6:F6)'이 자동 입력되면서 [D6:F6] 셀이 범위로 지정되었습니다.

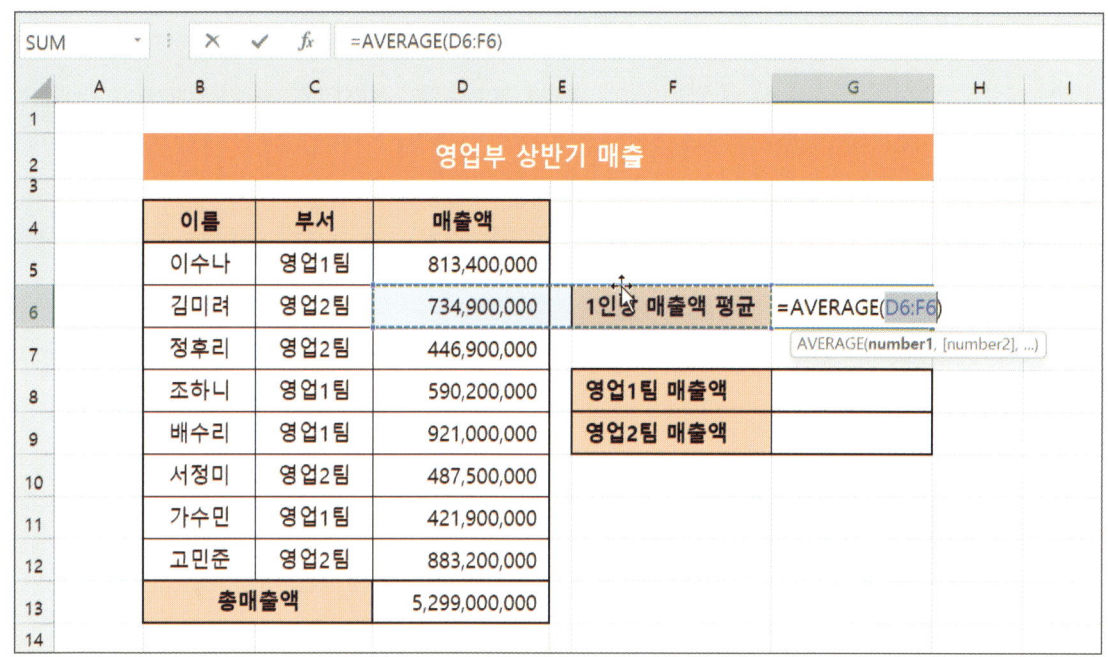

**TIP** '자동 합계'나 '자동 평균' 함수를 적용하면 항상 근처의 셀이 자동으로 선택됩니다. 원하는 셀이 아니면 수정해서 사용하면 됩니다.

❹ 평균을 구하려는 범위가 [D6:F6] 셀이 아니므로 [D5:D12] 셀을 드래그하여 범위를 지정하고 Enter 키를 누릅니다.

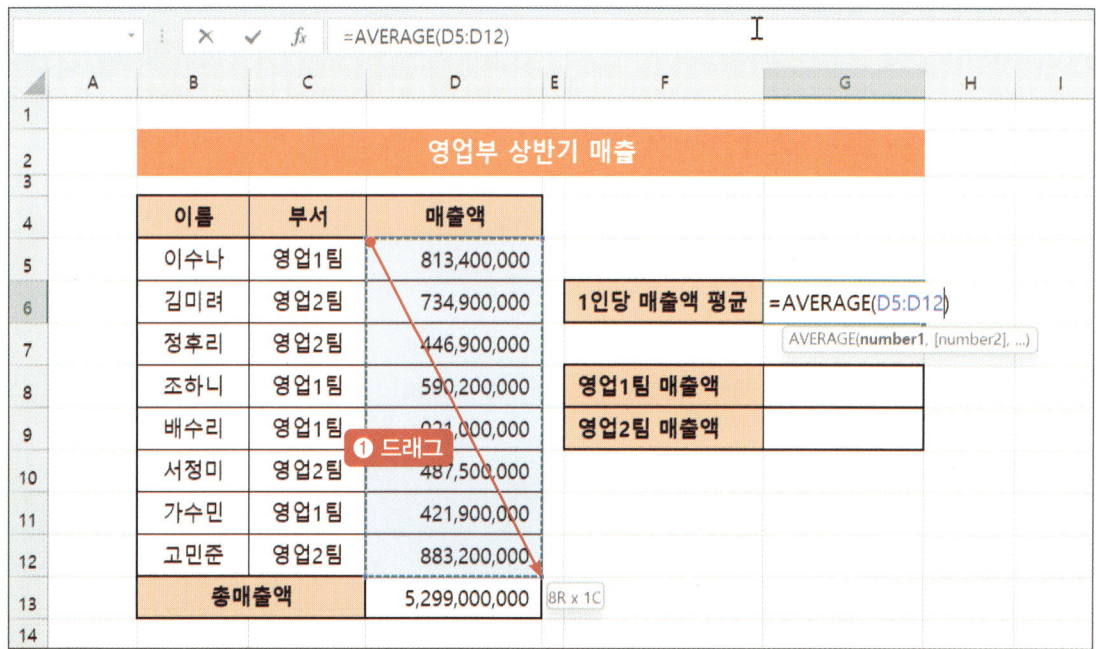

**TIP** 함수 뒤에는 항상 괄호를 사용하여 범위나 개수 등을 입력하는데, 괄호 안에 들어가는 범위나 개수를 인수라고 합니다.

## 2  함수 마법사 사용하기

① [G8] 셀을 선택하고 수식 입력줄 앞의 [함수 삽입($f_x$)]을 클릭하여 [함수 마법사] 대화상자를 실행합니다. '함수 검색'에 'sum'을 입력하고 [검색]을 클릭한 후 '함수 선택'에서 'SUMIF'를 선택하고 [확인]을 클릭합니다.

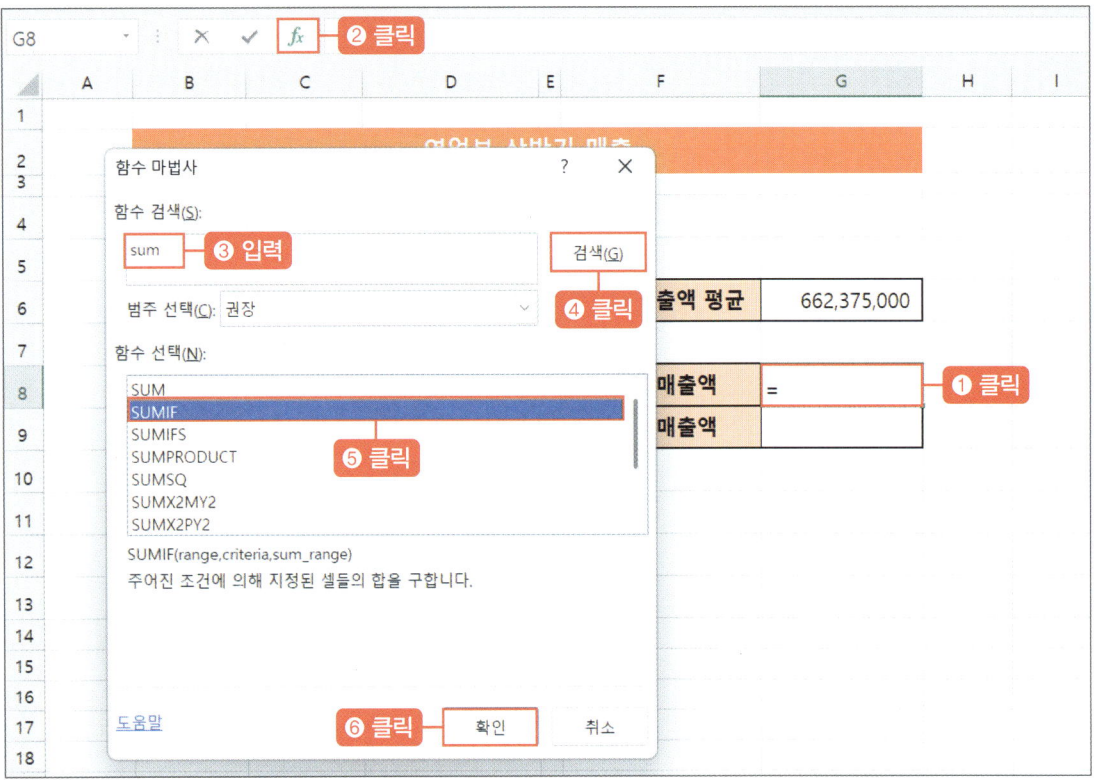

② [함수 인수] 대화상자가 나타나면 'Range'를 클릭하고 '$C$5:$C$12'를 입력합니다.

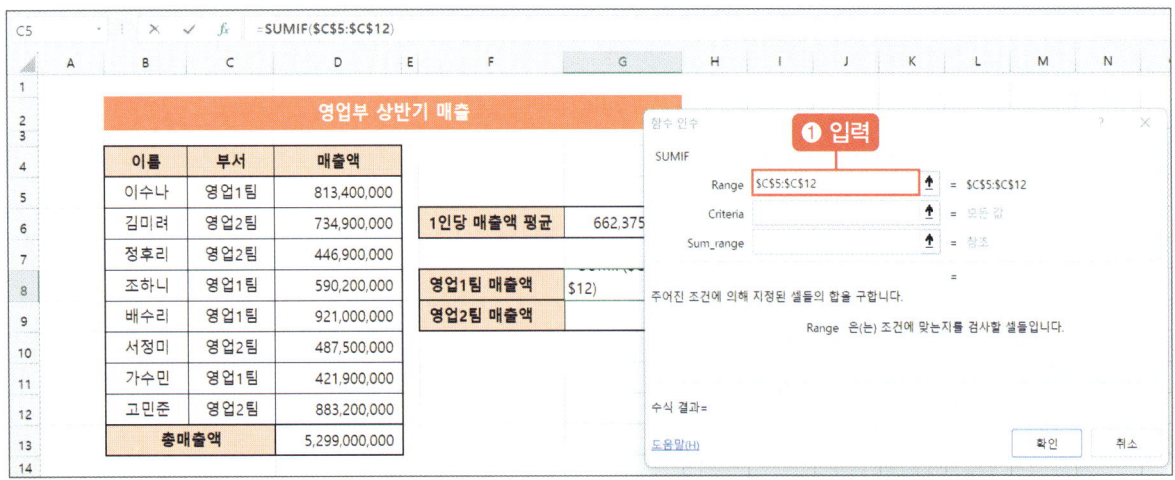

TIP  [C5:C12] 셀을 드래그한 후 F4 키를 눌러도 '$C$5:$C$12'를 입력할 수 있습니다.

③ 'Criteria'를 클릭하고 [C5] 셀을 클릭하거나 'C5'를 입력합니다.

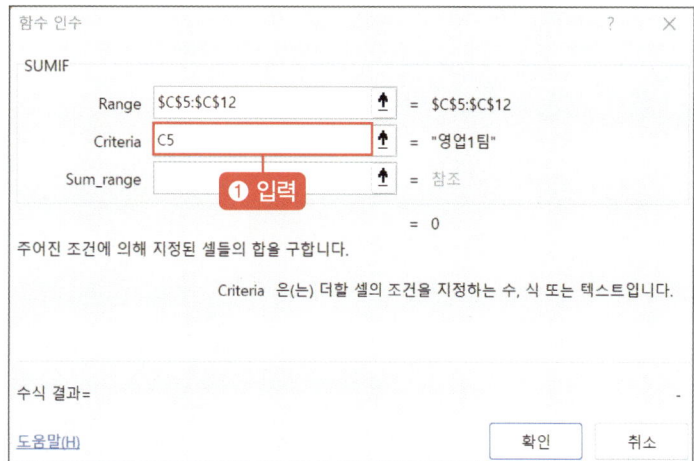

TIP 'C5' 대신 '영업1팀'을 입력해도 됩니다.

④ 'Sum_range'를 선택하고 '$D$5:$D$12'를 입력한 후 [확인]을 클릭합니다.

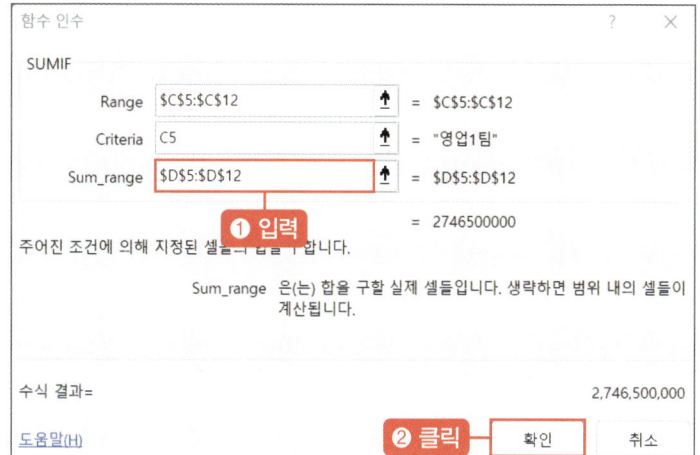

TIP [D5:D12] 셀을 드래그하여 범위로 지정한 후 F4 키를 눌러 '$D$5:$D$12'로 변환합니다.

⑤ [G8] 셀에 영업1팀의 매출액 합계가 구해지면 자동 채우기 기능을 이용하여 [G9] 셀에 영업2팀의 매출액 합계도 구합니다.

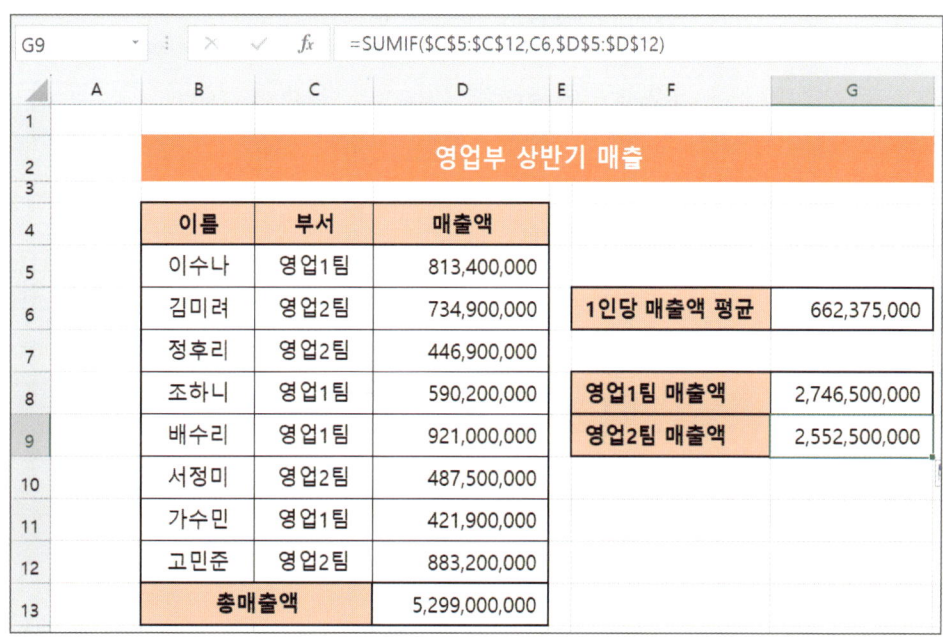

## 셀프 테스트

**1** '함수_중간고사성적.xlsx' 파일을 불러온 후 '총점' 시트에서 [H] 열의 총점을 자동 합계(SUM) 함수를 이용해서 구해 보세요.

### 1학기 중간고사 성적표

| 이름 | 국어 | 수학 | 영어 | 사회 | 과학 | 총점 |
|---|---|---|---|---|---|---|
| 김한나 | 99 | 75 | 90 | 87 | 72 | 423 |
| 나한도 | 89 | 99 | 100 | 80 | 100 | 468 |
| 도경수 | 75 | 80 | 87 | 77 | 92 | 411 |
| 모경택 | 93 | 99 | 97 | 90 | 98 | 477 |
| 박수라 | 89 | 92 | 100 | 100 | 100 | 481 |
| 소공녀 | 87 | 88 | 83 | 88 | 89 | 435 |
| 안도민 | 78 | 72 | 76 | 62 | 99 | 387 |
| 채민영 | 100 | 66 | 100 | 92 | 76 | 434 |
| 피수민 | 78 | 100 | 88 | 76 | 100 | 442 |
| 하정모 | 87 | 90 | 66 | 76 | 87 | 406 |

**2** '함수_중간고사성적.xlsx' 파일의 '평균' 시트에서 [H] 열의 평균을 AVERAGE 함수를 이용해서 구해 보세요.

### 1학기 중간고사 성적표

| 이름 | 국어 | 수학 | 영어 | 사회 | 과학 | 평균 |
|---|---|---|---|---|---|---|
| 김한나 | 99 | 75 | 90 | 87 | 72 | 84.6 |
| 나한도 | 89 | 99 | 100 | 80 | 100 | 93.6 |
| 도경수 | 75 | 80 | 87 | 77 | 92 | 82.2 |
| 모경택 | 93 | 99 | 97 | 90 | 98 | 95.4 |
| 박수라 | 89 | 92 | 100 | 100 | 100 | 96.2 |
| 소공녀 | 87 | 88 | 83 | 88 | 89 | 87 |
| 안도민 | 78 | 72 | 76 | 62 | 99 | 77.4 |
| 채민영 | 100 | 66 | 100 | 92 | 76 | 86.8 |
| 피수민 | 78 | 100 | 88 | 76 | 100 | 88.4 |
| 하정모 | 87 | 90 | 66 | 76 | 87 | 81.2 |

③ '함수_커피수입.xlsx' 파일을 불러온 후 [E5:E16] 셀의 수입액을 수식으로 구하고 [J5:J7], [J11:J16] 셀은 SUMIF 함수로 합계를 구해 보세요. 그리고 SUM 함수를 이용해서 [E17], [J8], [J17] 셀의 합계를 구해 보세요.

| | A | B | C | D | E | F | G | H | I | J |
|---|---|---|---|---|---|---|---|---|---|---|
| 1 | | | | | | | | | | |
| 2 | | 상반기 월별 커피 수입 보고서 | | | | | | | | |
| 3 | | | | | | | | | | |
| 4 | | 제품명 | 수량 | 단가 | 수입액 | 수입 시기 | 수입매장 | | 매장별 수입액 | |
| 5 | | 아라비카 | 150 | 3,500,000 | 525,000,000 | 1월 | 별별커피 | | 별별커피 | 3,430,200,000 |
| 6 | | 로부스타 | 150 | 3,800,000 | 570,000,000 | 3월 | 별별커피 | | 대박커피 | 2,505,000,000 |
| 7 | | 리베리카 | 167 | 3,200,000 | 534,400,000 | 2월 | 별별커피 | | 로지아 | 3,976,000,000 |
| 8 | | 리베리카 | 170 | 3,200,000 | 544,000,000 | 4월 | 별별커피 | | 수입 총액 | 9,911,200,000 |
| 9 | | 아라비카 | 150 | 3,500,000 | 525,000,000 | 1월 | 대박커피 | | | |
| 10 | | 로부스타 | 180 | 3,800,000 | 684,000,000 | 5월 | 별별커피 | | 월별 수입액 | |
| 11 | | 리베리카 | 400 | 3,200,000 | 1,280,000,000 | 2월 | 대박커피 | | 1월 | 2,646,000,000 |
| 12 | | 아라비카 | 200 | 3,500,000 | 700,000,000 | 5월 | 대박커피 | | 2월 | 1,814,400,000 |
| 13 | | 아라비카 | 450 | 3,500,000 | 1,575,000,000 | 3월 | 로지아 | | 3월 | 2,145,000,000 |
| 14 | | 리베리카 | 179 | 3,200,000 | 572,800,000 | 6월 | 별별커피 | | 4월 | 544,000,000 |
| 15 | | 로부스타 | 420 | 3,800,000 | 1,596,000,000 | 1월 | 로지아 | | 5월 | 2,189,000,000 |
| 16 | | 아라비카 | 230 | 3,500,000 | 805,000,000 | 5월 | 로지아 | | 6월 | 572,800,000 |
| 17 | | 커피 수입 총액 | | | 9,911,200,000 | | | | 수입 총액 | 9,911,200,000 |

④ '함수_반평균.xlsx' 파일을 불러와 [I] 열의 평균을 구하고 AVERAGEIF 함수를 이용해서 [K6:L6] 셀의 반평균을 구해 보세요. AVERAGEIF 함수의 사용법은 SUMIF 함수의 사용법과 같습니다.

| | A | B | C | D | E | F | G | H | I | J | K | L |
|---|---|---|---|---|---|---|---|---|---|---|---|---|
| 1 | | | | | | | | | | | | |
| 2 | | 1학기 중간고사 성적표 | | | | | | | | | | |
| 3 | | | | | | | | | | | | |
| 4 | | 이름 | 반 | 국어 | 수학 | 영어 | 사회 | 과학 | 평균 | | 반별 평균 구하기 | |
| 5 | | 김한나 | 뻐꾸기반 | 99 | 75 | 90 | 87 | 72 | 84.6 | | 뻐꾸기반 | 비둘기반 |
| 6 | | 나한도 | 비둘기반 | 89 | 99 | 100 | 80 | 100 | 93.6 | | 86.96 | 87.6 |
| 7 | | 도경수 | 비둘기반 | 75 | 80 | 87 | 77 | 92 | 82.2 | | | |
| 8 | | 모경택 | 뻐꾸기반 | 93 | 99 | 97 | 90 | 98 | 95.4 | | | |
| 9 | | 박수라 | 뻐꾸기반 | 89 | 92 | 100 | 100 | 100 | 96.2 | | | |
| 10 | | 소공녀 | 비둘기반 | 87 | 88 | 83 | 88 | 89 | 87 | | | |
| 11 | | 안도민 | 뻐꾸기반 | 78 | 72 | 76 | 62 | 99 | 77.4 | | | |
| 12 | | 채민영 | 비둘기반 | 100 | 66 | 100 | 92 | 76 | 86.8 | | | |
| 13 | | 피수민 | 비둘기반 | 78 | 100 | 88 | 76 | 100 | 88.4 | | | |
| 14 | | 하정모 | 뻐꾸기반 | 87 | 90 | 66 | 76 | 87 | 81.2 | | | |
| 15 | | | | | | | | | | | | |

Excel 2021

# SECTION 11 셀과 수식 입력줄에서 함수 입력하기

[수식] 탭의 [함수 라이브러리] 그룹에서 [함수 더보기]-[통계]에 다양한 통계 함수가 있습니다. 여기에서는 COUNTA, COUNTBLANK, LARGE, SMALL 함수를 알아보면서 셀과 수식 입력줄에 직접 함수를 입력하는 방법을 알아보겠습니다.

## 1 셀 개수 세기

**1** '통계함수_노래자랑.xlsx' 파일을 불러옵니다. [G6] 셀을 클릭하고 '=count'를 입력하면 추천 함수 목록이 나타납니다. 여기에서 'COUNTA'를 더블클릭합니다.

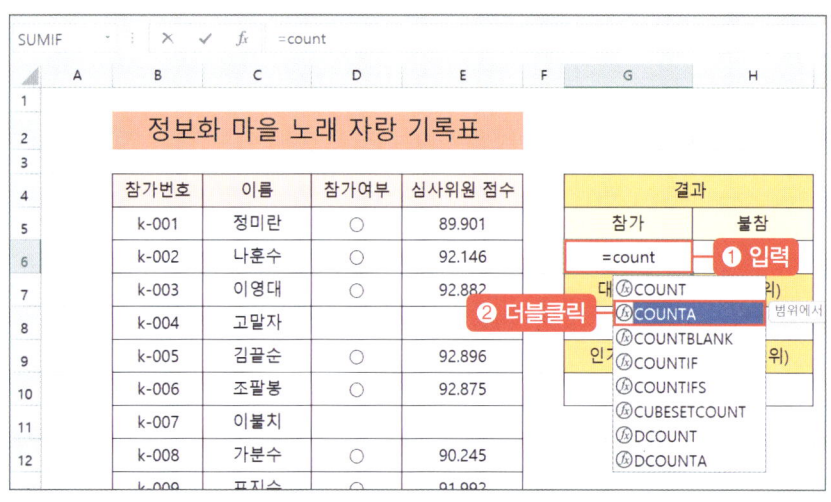

**2** 셀 안에 '=COUNTA('가 입력되면 [D5:D16] 셀을 드래그하여 범위를 지정합니다. '=COUNTA(D5:D16'가 자동 입력됩니다.

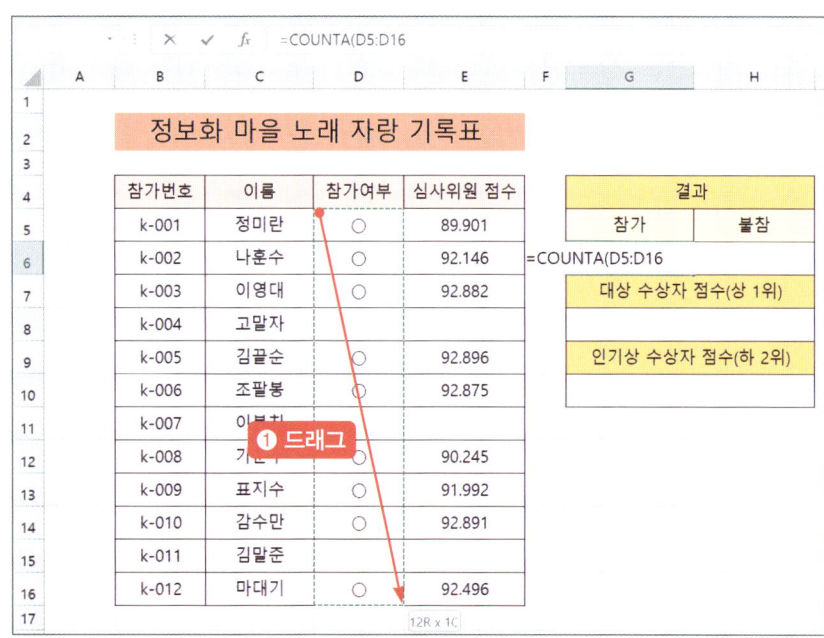

③ '=COUNTA(D5:D16' 뒤에 ')'를 입력하고 Enter 키를 누르면 [D5:D16] 범위에서 데이터가 입력된 셀의 개수가 구해집니다.

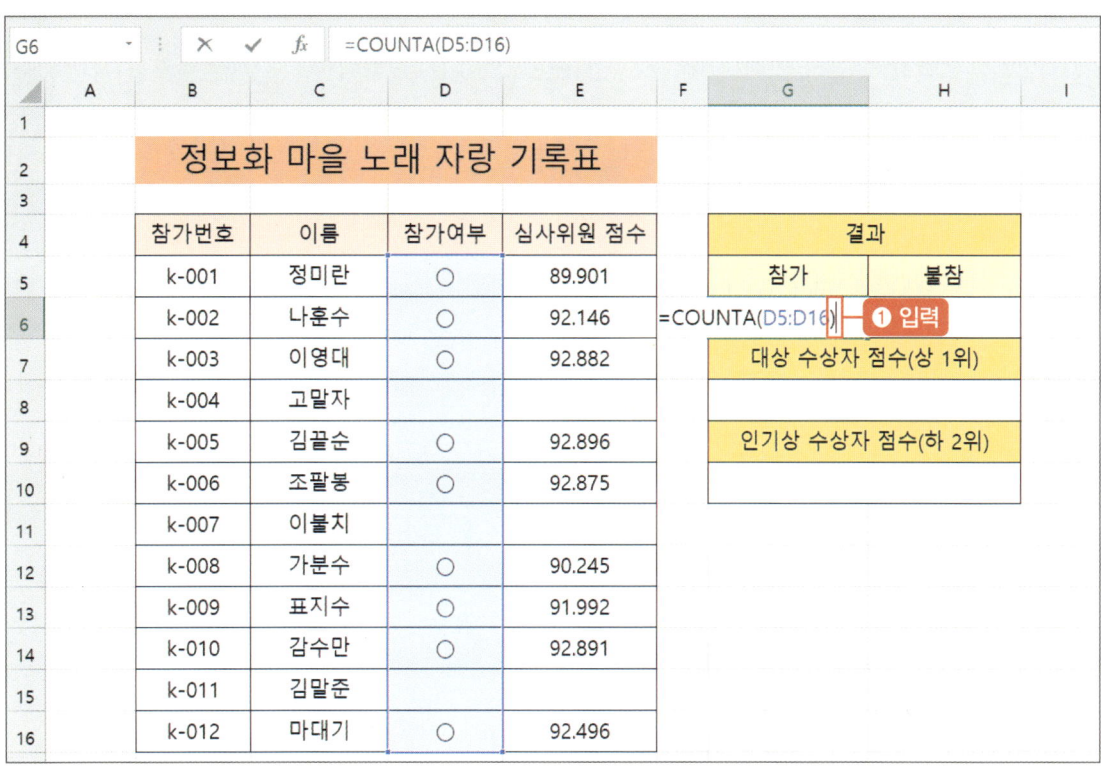

④ 같은 방법으로 [H6] 셀에 '=COUNTBLANK(D5:D16)'을 입력하고 Enter 키를 누르면 [D5:D16] 범위에서 빈 셀의 개수를 구할 수 있습니다.

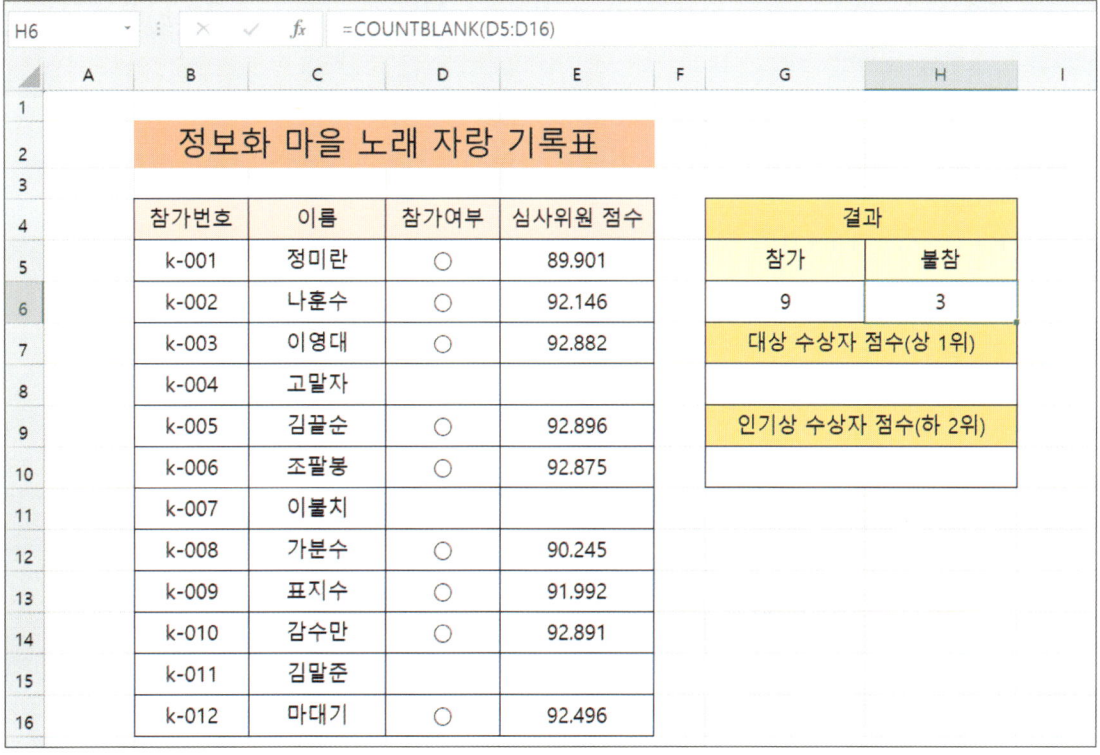

## 2 높은 값과 낮은 값을 기준으로 데이터 찾기

**1** [G8] 셀을 선택하고 수식 입력 창에 '=LARGE(E5:E16,1)'을 입력하고 Enter 키를 눌러 [E5:E16] 범위에서 가장 높은 점수를 표시합니다.

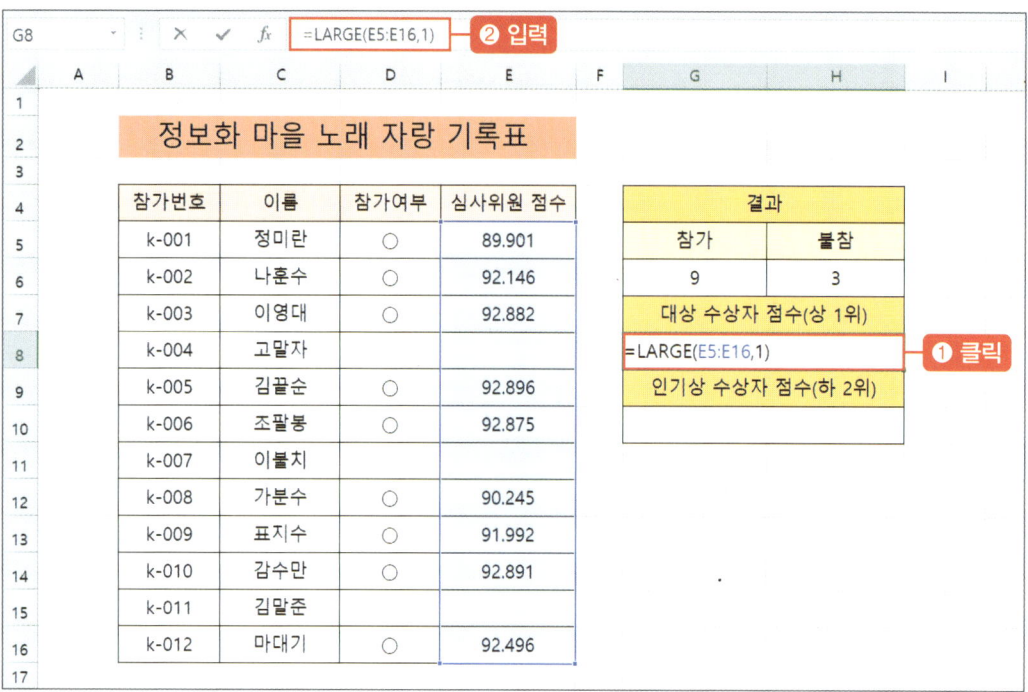

**2** [G10] 셀을 선택하고 '=SMALL(E5:E16,2)'을 입력하고 Enter 키를 눌러 [E5:E16] 범위에서 두 번째로 낮은 점수를 표시합니다.

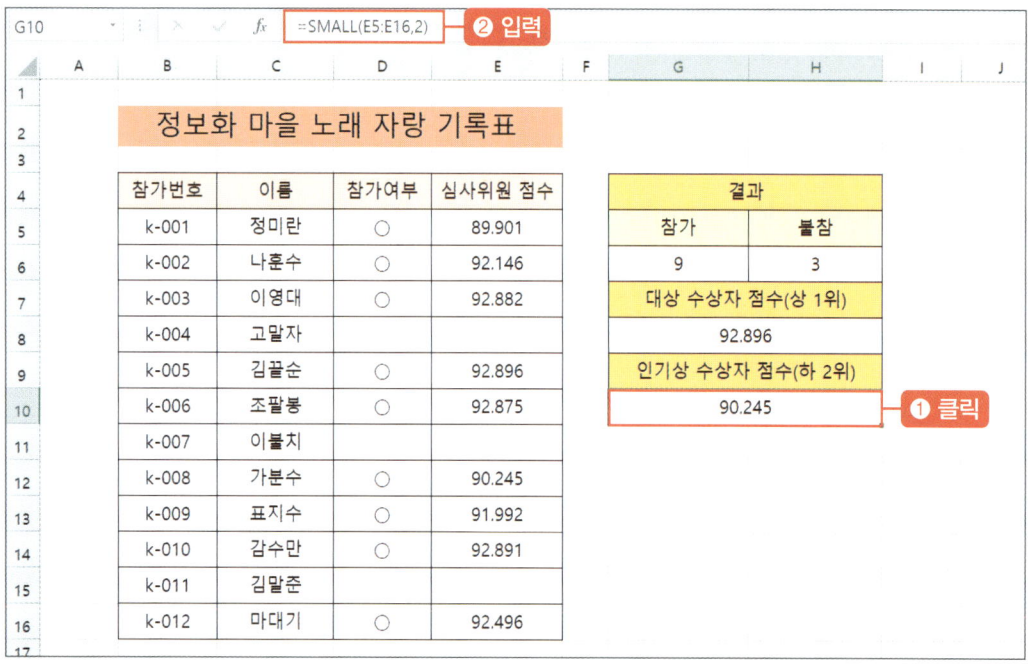

# 셀프 테스트

**1** '수입지출내역.xlsx' 파일을 불러온 후 LARGE와 SMALL 함수를 이용하여 [H] 열의 가장 '많이 지출한 금액'과 '가장 작은 수입 금액'을 구해 보세요.

| | A | B | C | D | E | F | G | H | I |
|---|---|---|---|---|---|---|---|---|---|
| 1 | | | | | | | | | |
| 2 | | | | 8월 수입 및 지출 내역 | | | | | |
| 3 | | | | | | | | | |
| 4 | | 수입 내역 | 금액 | | 지출 내역 | 금액 | | 가장 많이 지출한 금액 | |
| 5 | | 월급 | 3,500,000 | | 월세 | 700,000 | | 1,000,000 | |
| 6 | | 부업 수입 | 500,000 | | 식비 | 450,000 | | 가장 작은 수입 금액 | |
| 7 | | 이자 수입 | 15,000 | | 교통비 | 120,000 | | 15,000 | |
| 8 | | 선물 수령 | 100,000 | | 공과금 | 80,000 | | | |
| 9 | | 기타 수입 | 50,000 | | 통신비 | 60,000 | | | |
| 10 | | | | | 문화/여가비 | 150,000 | | | |
| 11 | | | | | 저축/투자 | 1,000,000 | | | |
| 12 | | 합계 | 4,165,000 | | 합계 | 2,560,000 | | | |
| 13 | | | | | | | | | |

**2** '디자인_중간고사.xlsx' 파일을 불러온 후 COUNTBLANK 함수를 이용하여 과목별 결시생 수를 구해 보세요.

| | A | B | C | D | E | F | G | H | I | J | K |
|---|---|---|---|---|---|---|---|---|---|---|---|
| 1 | | | | | | | | | | | |
| 2 | | | | | 산업디자인과 중간고사 점수표 | | | | | | |
| 3 | | | | | | | | | | | |
| 4 | | 학번 | 이름 | 디자인개론 | 소묘 | 입체디자인 | 시각디자인 | 디자인설계 | | 과목별 결시생 수 | |
| 5 | | D0512001 | 가만희 | A | C | A | B | C | | 디자인개론 | 1 |
| 6 | | D0512002 | 나한도 | B | A | A | | A | | 소묘 | 2 |
| 7 | | D0512003 | 마소라 | C | | B | C | A | | 입체디자인 | 1 |
| 8 | | D0512004 | 모경택 | A | A | A | A | A | | 시각디자인 | 1 |
| 9 | | D0512005 | 박수라 | B | A | A | A | | | 디자인설계 | 2 |
| 10 | | D0512006 | 소공녀 | B | | B | B | B | | | |
| 11 | | D0512007 | 안도민 | C | C | C | D | A | | | |
| 12 | | D0512008 | 채민영 | A | D | | A | | | | |
| 13 | | D0512009 | 피수민 | C | A | B | C | A | | | |
| 14 | | D0512010 | 하정모 | | A | D | C | B | | | |
| 15 | | | | | | | | | | | |

# Excel 2021

## SECTION 12 순위 매기기와 조건부 셀 개수 구하기

전체 데이터에서 몇 번째 순위에 해당하는지를 구하는 RANK 함수와 특정 조건을 만족하는 셀의 개수를 구하는 COUNTIF 함수를 배워봅니다.

### 1 순위 매기기

① '영업팀_월별실적.xlsx' 파일을 불러옵니다. [E6] 셀을 선택하고 수식 입력줄에 '=RANK.EQ('를 입력하고 [C6] 셀을 클릭한 후 ','를 입력합니다.

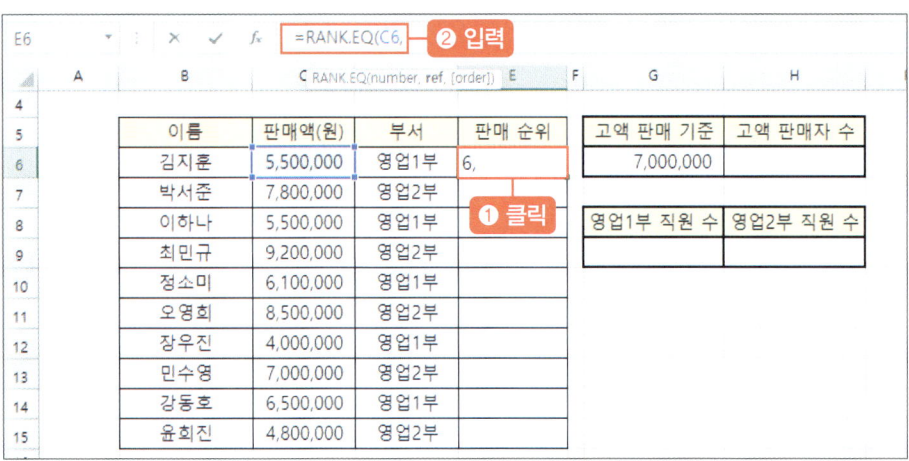

② 계속해서 [C6:C15] 셀을 범위로 지정하고 F4 키를 눌러 절대 참조로 변경합니다. 그 뒤에 ',0)'을 입력하고 Enter 키를 누릅니다.

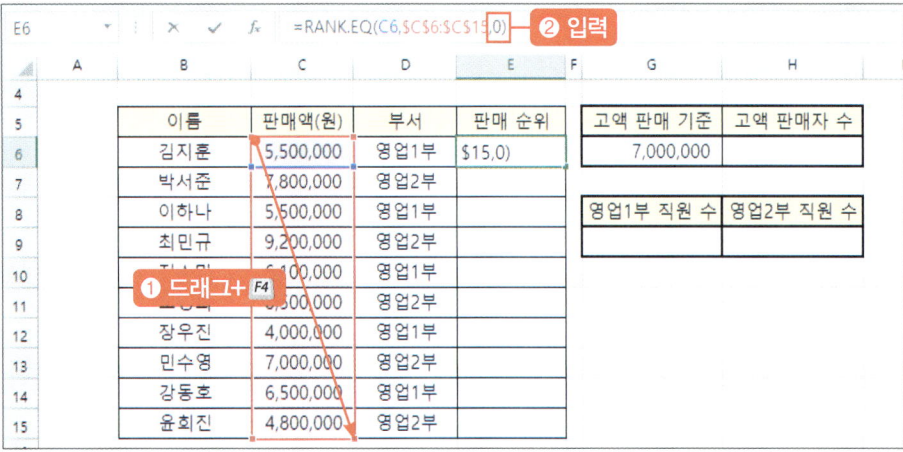

**3** [E6] 셀에 판매 순위 '7'이 구해집니다. 자동 채우기 핸들을 [E15] 셀까지 드래그하여 각각의 판매 순위를 구합니다.

## 2 조건에 맞는 셀 개수 구하기

**1** [G9] 셀을 선택하고 수식 입력줄에 '=COUNTIF('를 입력하고 [D6:D15]를 범위로 지정한 후 F4 키를 눌러 절대 참조로 변경합니다.

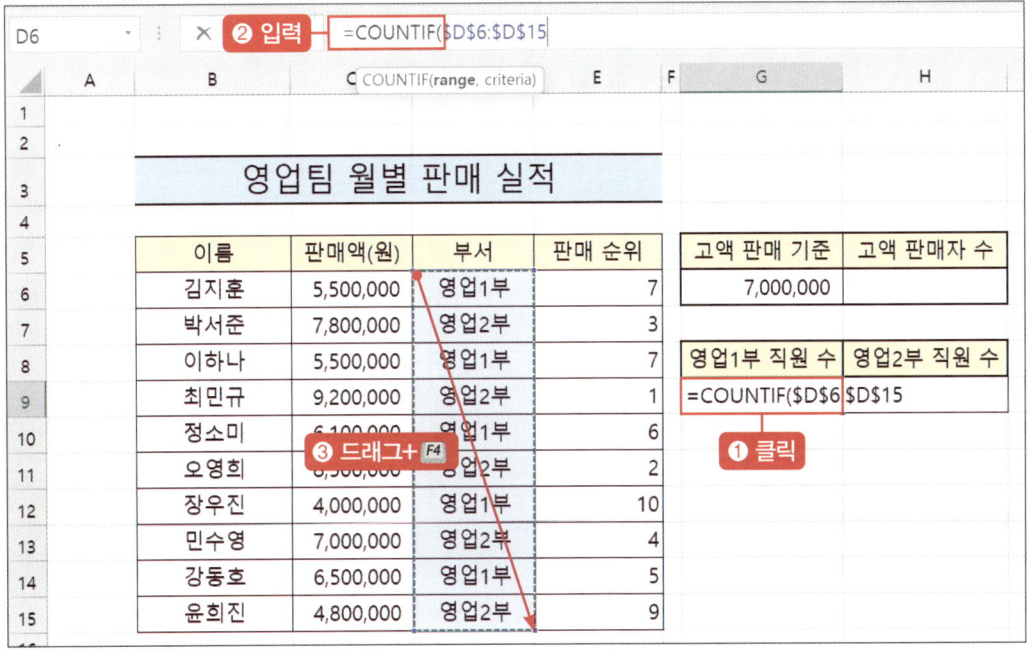

② 계속해서 ',D6)'을 입력하고 Enter 키를 누릅니다. ','를 입력하고 [D6] 셀을 클릭한 후 ')'를 입력해도 됩니다. 영업1부의 직원이 몇 명인지 확인할 수 있습니다.

③ [H6] 셀을 선택하고 '=COUNTIF($D$6:$D$15,"영업2부")'를 입력하여 영업2부의 직원 수도 구합니다.

**TIP** 함수의 괄호 안에 셀이나 범위를 선택하여 입력하거나, 직접 수식이나 값을 입력할 수 있습니다.

## 3 수식 입력줄을 이용하여 조건에 맞는 셀 개수 구하기

**1** [H6] 셀을 선택하고 수식 입력줄에 '=COUNTIF($C$6:$C:$15,">"&$G$6)'을 입력하고 Enter 키를 누릅니다.

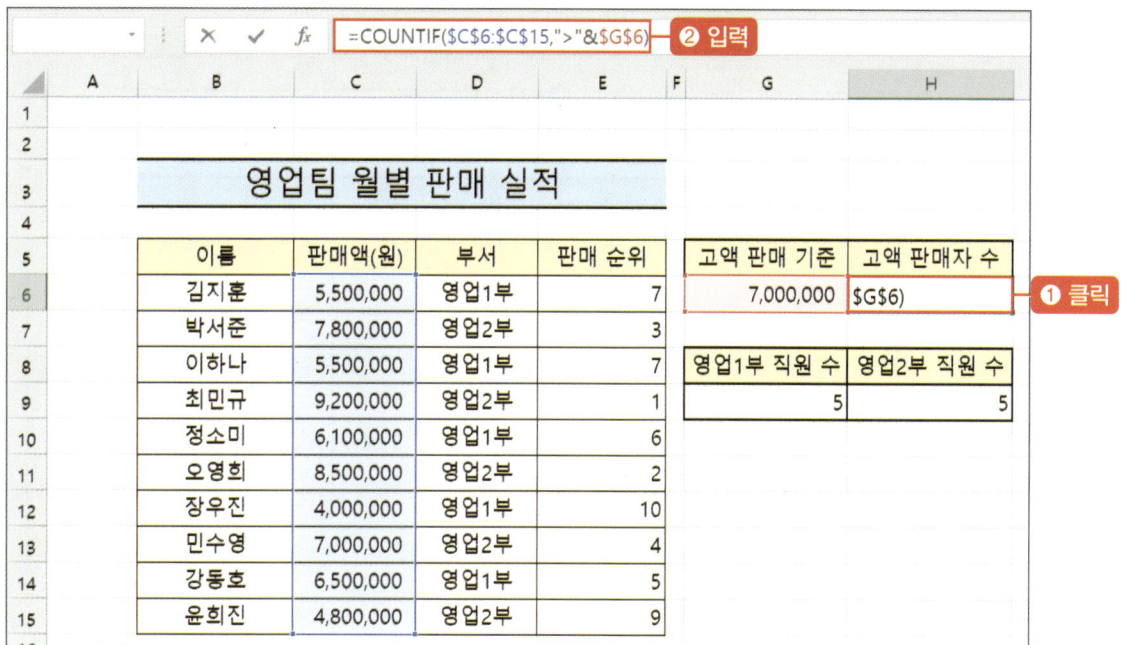

**2** [H6] 셀에 판매액이 700만 원보다 큰 셀의 개수를 표시해 줍니다.

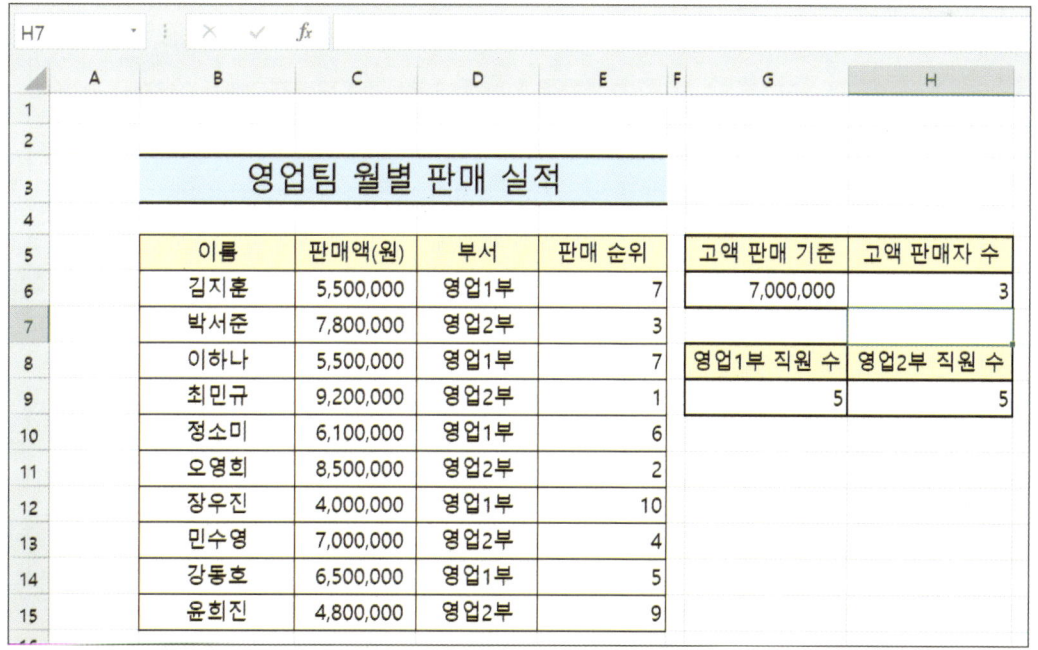

**TIP** 전체 판매액 범위에서 [G6] 셀의 700만 원을 초과하는 판매액이 몇 건인지 셉니다. 조건(")"&$G$6)을 입력할 때 부등호(>)는 따옴표 안에 넣고, 셀 주소는 앰퍼샌드(&)로 연결해야 합니다.

# 셀프 테스트

**1** '모의고사성적.xlsx' 파일을 불러와서 RANK.EQ 함수를 이용하여 총점의 순위를 매겨 보세요.

### 전국 모의고사 성적 순위

| 이름 | 국어 | 수학 | 영어 | 탐구 | 총점 | 순위 |
|---|---|---|---|---|---|---|
| 김민준 | 95 | 87 | 89 | 45 | 316 | 1 |
| 박하늘 | 88 | 92 | 93 | 36 | 309 | 4 |
| 이서진 | 95 | 69 | 98 | 49 | 311 | 2 |
| 최도윤 | 75 | 70 | 93 | 42 | 280 | 6 |
| 정수아 | 92 | 98 | 88 | 33 | 311 | 2 |
| 강지호 | 88 | 93 | 80 | 25 | 286 | 5 |

**2** '고객만족도.xlsx' 파일을 불러와서 COUNTIF 함수를 이용하여 [H5:H7]에 조건에 맞는 응답 수를 구해 보세요.

### 고객 만족도 설문 현황

| 고객ID | 고객직업 | 제품ID | 응답 | | 만족도 응답 수 | |
|---|---|---|---|---|---|---|
| kang**** | 학생 | A01 | 만족 | | 만족 | 3 |
| sum****** | 회사원 | B02 | 불만족 | | 불만족 | 2 |
| mk77**** | 회사원 | C03 | 보통 | | 보통 | 2 |
| ztzt8***** | 학생 | A04 | 만족 | | | |
| sasa**** | 학생 | D05 | 만족 | | | |
| etst**** | 회사원 | E06 | 보통 | | | |
| 8798**** | 주부 | F07 | 불만족 | | | |

**3** '판매성과분석.xlsx' 파일을 불러온 후 함수를 이용해서 [D5:D10] 셀에는 순위를, [F5] 셀에는 목표를 달성한 인원수를 구해 보세요.

### 팀별 판매 성과 분석

| 팀원명 | 실적(만원) | 순위 |
|---|---|---|
| | 판매 목표액 | 145 |
| 홍길동 | 150 | 4 |
| 김철수 | 180 | 2 |
| 박영희 | 120 | 6 |
| 이민호 | 200 | 1 |
| 정유미 | 140 | 5 |
| 최지수 | 180 | 2 |

| 목표 달성 인원수 |
|---|
| 4 |

**4** '영업팀실적_인원수.xlsx' 파일을 불러온 후 함수를 이용해서 [E5:E10] 셀에는 순위를, [G6:H6] 셀에는 팀별 인원수를 구해 보세요.

### 영업팀 실적 및 인원 현황

| 이름 | 소속팀 | 실적(건) | 순위 |
|---|---|---|---|
| 강현우 | 영업1팀 | 45 | 5 |
| 노윤아 | 영업2팀 | 60 | 2 |
| 오진석 | 영업1팀 | 50 | 3 |
| 문소리 | 영업2팀 | 40 | 6 |
| 박주원 | 영업1팀 | 50 | 3 |
| 조민서 | 영업2팀 | 65 | 1 |

| 팀 인원수 | |
|---|---|
| 영업1팀 | 영업2팀 |
| 3 | 3 |

# Excel 2021
# SECTION 13 중첩 함수 활용하기

엑셀에서 복잡한 작업을 수행할 때는 하나의 함수만으로는 원하는 결과를 얻기 어렵습니다. 여기에서는 하나의 함수 안에 다른 함수를 넣어 논리 판단, 계산, 검색 등 여러 기능을 동시에 처리하는 방법을 알아보겠습니다.

## 1 조건에 따라 다른 값 표시하기

**1** '중첩함수.xlsx' 파일을 불러와서 판매 점수를 기준으로 보너스 내용을 표시합니다. [F5] 셀을 클릭하고 '=IF(E5>=90,"보너스 100%","보너스 없음")'을 입력하고 Enter 키를 누릅니다.

**2** 자동 채우기 핸들을 [F11] 셀까지 드래그하여 수식에 입력한 조건에 따라 결괏값이 표시되도록 합니다.

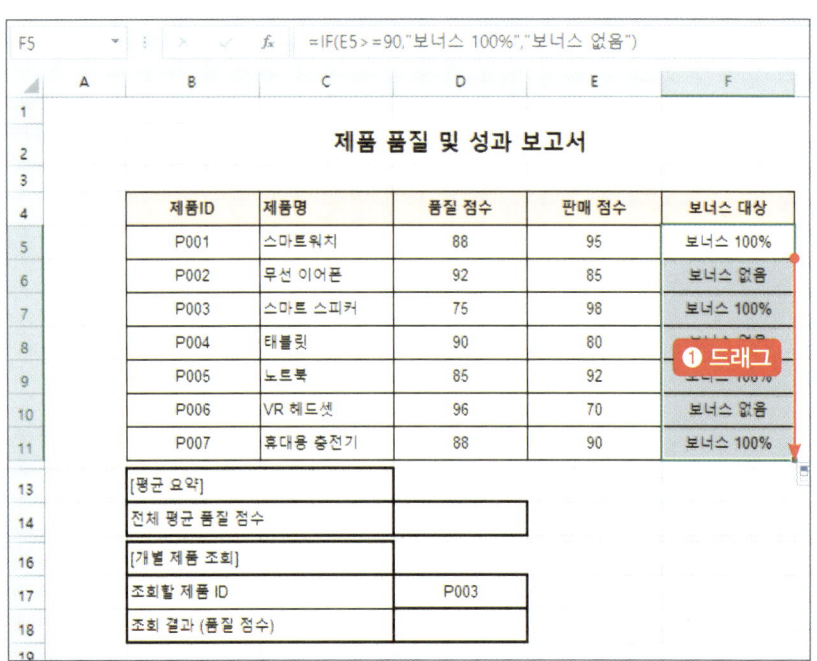

**3** 이번에는 [F5] 셀을 클릭하고 수식 입력줄에서 '=IF(E5>=90,"보너스 100%",IF(E5>=80,"보너스 50%","보너스 없음"))'으로 수식을 수정합니다.

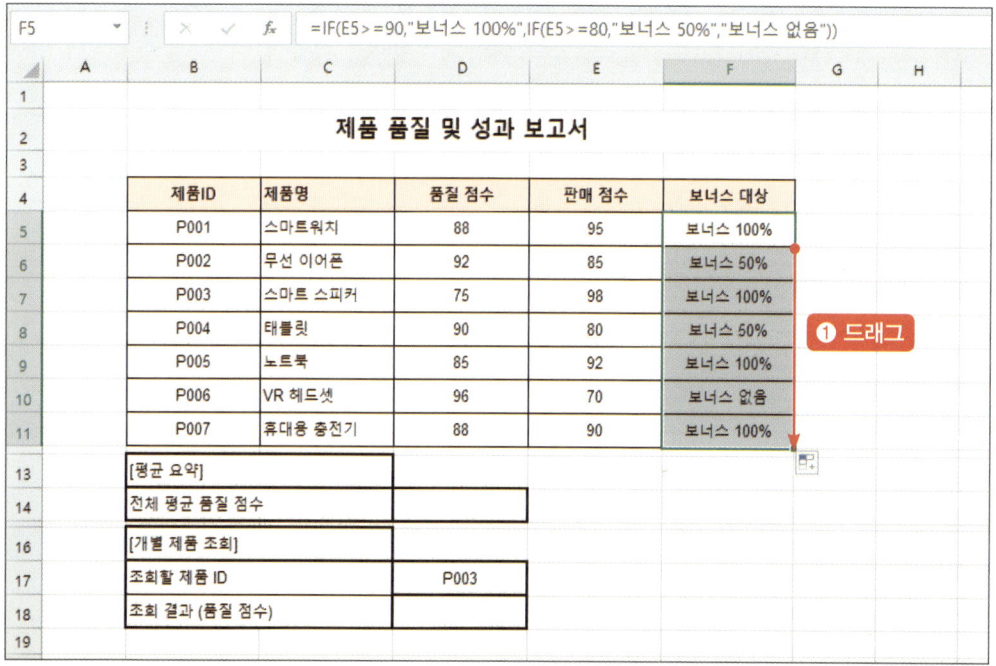

**4** 자동 채우기 기능을 이용하여 [F11] 셀까지 채웁니다. 판매 점수가 90점 이상은 '보너스 100%', 80점 이상은 '보너스 50%', 그 외는 '보너스 없음'으로 표시됩니다.

> **TIP** IF 함수 안에 또 다른 IF 함수를 중첩하면 여러 가지 조건을 판단하여 각각 다른 결괏값을 표시할 수 있습니다.

## 2 소수점 반올림하기

① [D14] 셀을 선택한 후 수식 입력줄에 'AVERAGE(D5:D11)'을 입력하고 Enter 키를 누르면 품질 점수에 대한 평균을 소수점으로 표시해 줍니다.

② [D14] 셀이 선택된 상태에서 소수점을 반올림하기 위해 수식 입력줄에서 ROUND 함수를 추가합니다. 수식을 '=ROUND(AVERAGE(D5:D11),0)'으로 수정하고 Enter 키를 눌러 결과를 확인합니다.

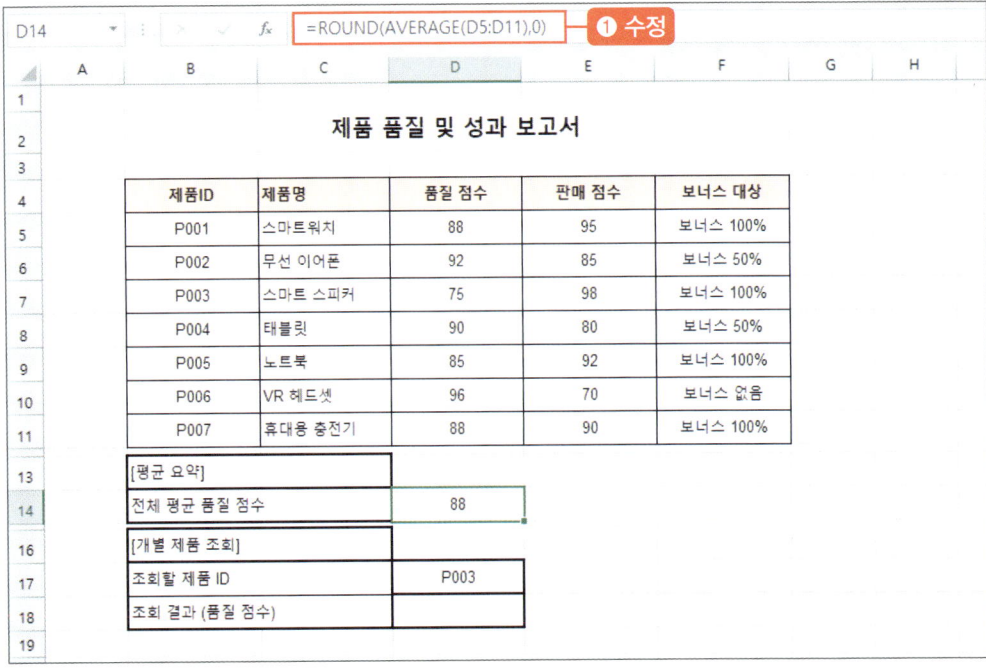

## 3 데이터 검색하여 표시하기

**1** [D18] 셀을 선택하고 수식 입력줄에 '=IFERROR(VLOOKUP(D17,B5:E11,3,FALSE),"ID를 입력하세요")'를 입력하고 Enter 키를 누릅니다.

**2** [D17] 셀에 [B5:B11] 셀의 제품 ID를 입력하면 [D18] 셀에 해당 제품의 품질 점수를 표시해 줍니다. 만일 제품 ID 이외의 텍스트를 입력하면 [D18] 셀에 'ID를 입력하세요'가 표시됩니다.

13 중첩 함수 활용하기 • 79

## 셀프 테스트

**1** '고객만족도.xlsx' 파일을 불러와 [E5:E11] 셀에 [D] 열의 점수가 80점 이상이면 만족, 50점 이상이면 보통, 그 외에는 불만이 표시되도록 함수를 적용해 보세요.

| 제품 ID | 제품명 | 점수표 | 만족도 |
|---|---|---|---|
| P-001 | AI 커피 드리퍼 | 75 | 보통 |
| P-002 | 원두 그라인더 | 80 | 만족 |
| P-003 | 470ml 텀블러 | 50 | 보통 |
| P-004 | 559ml 텀블러 | 45 | 불만 |
| P-005 | 에스프레소 머신 | 97 | 만족 |
| P-006 | 드립커피 메이커 | 68 | 보통 |
| P-007 | 캡슐커피 머신 | 90 | 만족 |

**2** '주요과목_평균.xlsx' 파일을 불러와 함수를 이용하여 [F] 열의 평균 점수를 소수점 두 자릿수까지 표시해 보세요.

### 주요 과목 평균

| 이름 | 국어 | 수학 | 영어 | 평균 |
|---|---|---|---|---|
| 가모라 | 85 | 98 | 78 | 87.00 |
| 김소리 | 77 | 80 | 100 | 85.67 |
| 나수현 | 69 | 100 | 100 | 89.67 |
| 도경민 | 90 | 99 | 92 | 93.67 |
| 라한수 | 87 | 97 | 90 | 91.33 |
| 마길호 | 99 | 87 | 78 | 88.00 |
| 박찬수 | 59 | 78 | 80 | 72.33 |
| 신기철 | 78 | 88 | 82 | 82.67 |
| 오수현 | 86 | 89 | 99 | 91.33 |
| 이천만 | 92 | 90 | 87 | 89.67 |
| 조수미 | 85 | 88 | 98 | 90.33 |
| 하미라 | 69 | 100 | 100 | 89.67 |

**3** '모의고사_등급표.xlsx' 파일을 불러와 [D], [F], [H] 열은 10점 간격으로 1~5등급, [J] 열은 5점 간격으로 1~5등급이 표시되도록 함수를 적용해 보세요.

### 모의고사 등급표

| 이름 | 국어 점수 | 국어 등급 | 수학 점수 | 수학 등급 | 영어 점수 | 영어 등급 | 탐구 점수 | 탐구 등급 |
|---|---|---|---|---|---|---|---|---|
| 가모라 | 85 | 2등급 | 98 | 1등급 | 78 | 3등급 | 45 | 1등급 |
| 김소리 | 77 | 3등급 | 80 | 2등급 | 100 | 1등급 | 38 | 3등급 |
| 나수현 | 69 | 4등급 | 100 | 1등급 | 100 | 1등급 | 48 | 1등급 |
| 도경민 | 90 | 1등급 | 99 | 1등급 | 92 | 1등급 | 39 | 3등급 |
| 라한수 | 87 | 2등급 | 97 | 1등급 | 90 | 1등급 | 49 | 1등급 |
| 마길호 | 99 | 1등급 | 87 | 2등급 | 78 | 3등급 | 33 | 4등급 |
| 박찬수 | 59 | 5등급 | 78 | 3등급 | 80 | 2등급 | 39 | 3등급 |
| 신기철 | 78 | 3등급 | 88 | 2등급 | 82 | 2등급 | 48 | 1등급 |
| 오수현 | 86 | 2등급 | 89 | 2등급 | 99 | 1등급 | 42 | 2등급 |

**4** '제품등급표.xlsx' 파일을 불러와 [F7:F15] 셀은 ROUND와 AVERAGE, [G7:G15] 셀은 IF, [G4] 셀은 IFERROR와 VLOOKUP 함수를 이용하여 다음과 같이 결과를 구해 보세요. [E4] 셀에 제품 코드 외의 텍스트를 입력하면 '제품 코드를 입력해 주세요'가 표시되게 합니다.

### 제품별 등급표

| | | 제품 코드 | S001 | 제품 등급 | C등급 |
|---|---|---|---|---|---|
| 제품코드 | 제품명 | 사원 점수 | 고객 점수 | 평균 점수 | 등급 |
| S001 | 폴더블폰 | 85 | 60 | 73 | C등급 |
| S002 | S-20폰 | 75 | 80 | 78 | C등급 |
| S003 | I-17폰 | 65 | 75 | 70 | C등급 |
| S004 | 공부폰 | 35 | 80 | 58 | F등급 |
| S005 | 엣지폰 | 45 | 70 | 58 | F등급 |
| S006 | I-16미니폰 | 75 | 60 | 68 | D등급 |
| S007 | K-위성폰 | 25 | 35 | 30 | F등급 |
| S008 | 모토롤라폰 | 65 | 70 | 68 | D등급 |
| S009 | 노키아폰 | 45 | 60 | 53 | F등급 |

Excel 2021

# SECTION 14 조건부 서식 사용하기

수많은 데이터 속에서 중요한 정보를 찾기 어려울 때 조건부 서식이 이를 해결해 줄 수 있습니다. 조건에 맞는 셀만 색상, 막대, 아이콘 등으로 강조하여 데이터의 흐름을 한눈에 파악할 수 있습니다.

## 1 셀 강조하여 표시하기

① '조건부서식.xlsx' 파일을 불러와 [C5:C12] 셀을 범위로 지정하고 [홈] 탭에서 [스타일] 그룹의 [조건부 서식]-[셀 강조 규칙]-[보다 큼]을 선택합니다.

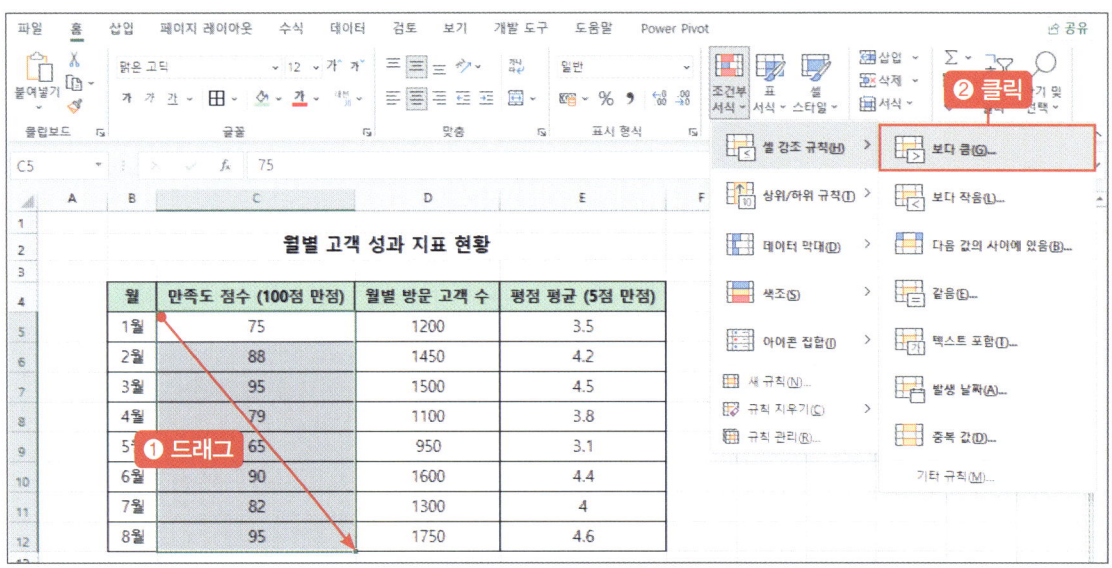

② [보다 큼] 대화상자가 나타나면 '다음 값보다 큰 셀의 서식 지정:'에 '90'을 입력하고 '적용할 서식:'은 '진한 빨강 텍스트가 있는 연한 빨강 채우기'를 선택한 후 [확인]을 클릭합니다.

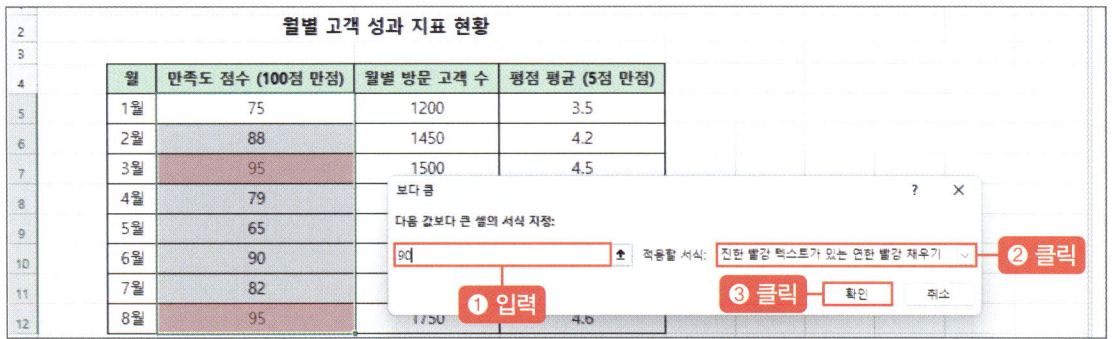

③ 이번에는 [D5:D12] 셀을 범위로 지정하고 [홈] 탭에서 [스타일] 그룹의 [조건부 서식]-[데이터 막대]-[연한 파랑 데이터 막대]를 선택하여 그래프 형식으로 데이터를 표시합니다.

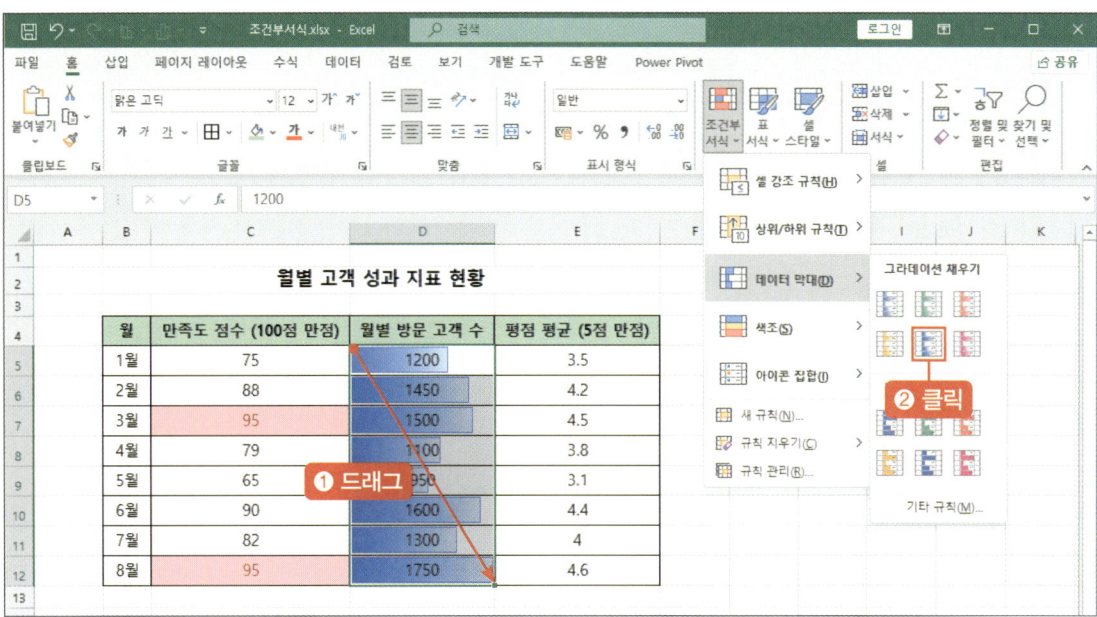

## 2 새 규칙으로 조건부 서식 설정하기

① [E5:E12] 셀을 범위로 지정하고 [홈] 탭에서 [스타일] 그룹의 [조건부 서식]-[새 규칙]을 선택합니다.

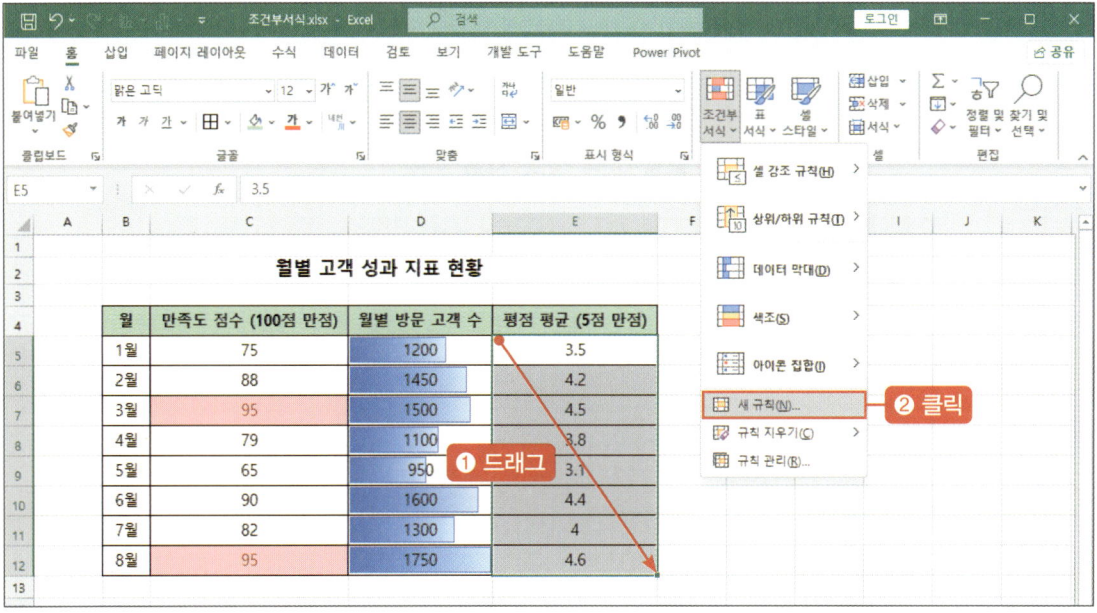

② [새 서식 규칙] 대화상자가 나타나면 '규칙 유형 선택'은 '셀 값을 기준으로 모든 셀의 서식 지정', '서식 스타일'은 '아이콘 집합'으로 설정합니다. '아이콘'은 다음과 같이 설정한 후 [확인]을 클릭합니다.

③ [E5:E12] 범위의 데이터 앞에 선택한 아이콘이 표시됩니다.

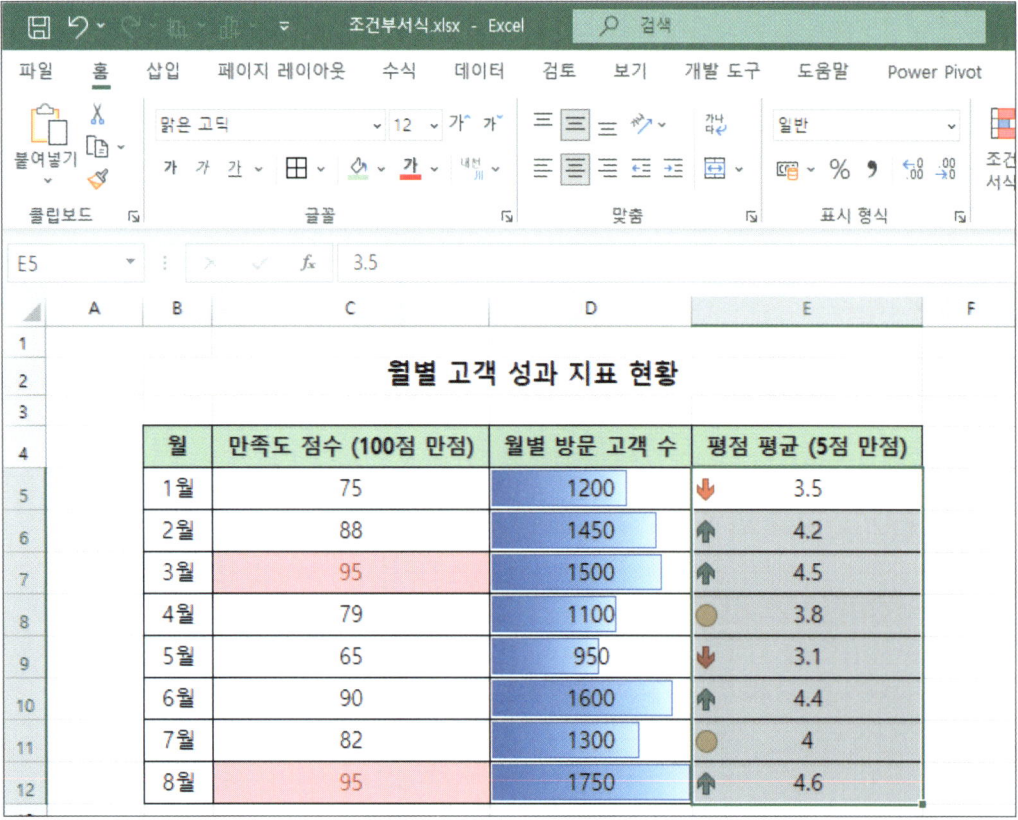

## 셀프 테스트

**1** '제품별_재고현황.xlsx' 파일을 불러온 후 조건부 서식을 이용해 다음과 같이 재고 수량이 100개 이상일 땐 초록색, 30개 미만일 땐 빨간색이 되도록 설정해 보세요.

| 제품 코드 | 제품명 | 재고 수량 |
|---|---|---|
| A101 | 프리미엄 펜 | 15개 |
| B202 | 노트 세트 | 85개 |
| C303 | 텀블러 | 120개 |
| D404 | 무선 마우스 | 55개 |
| E505 | 휴대용 스피커 | 25개 |
| F606 | 데스크 매트 | 90개 |
| G707 | 충전 케이블 | 150개 |
| H808 | 미니 선풍기 | 45개 |

**제품별 현재 재고 현황**

**2** '영업팀_목표달성.xlsx' 파일을 불러온 후 조건부 서식을 이용해 목표 달성률이 우수한 상위 3개 셀을 강조해 보세요.

**영업팀 월간 목표 달성률**

| 팀 번호 | 지역 | 담당자 | 목표 달성률 (%) |
|---|---|---|---|
| T01 | 서울 | 김민준 | 88.50% |
| T02 | 경기 | 박지영 | 95.20% |
| T03 | 인천 | 이현우 | 75.10% |
| T04 | 대전 | 최유리 | 99.90% |
| T05 | 광주 | 정우진 | 82.00% |
| T06 | 대구 | 한가을 | 65.80% |
| T07 | 부산 | 강하늘 | 92.50% |
| T08 | 울산 | 윤서진 | 78.30% |
| T09 | 제주 | 송민호 | 96.00% |
| T10 | 세종 | 구아라 | 89.10% |

Excel 2021

# 15 차트 활용하기
SECTION

수많은 숫자로 가득한 데이터 목록에서 핵심 정보를 빠르게 파악하려면 차트를 활용할 수 있습니다. 차트는 복잡한 숫자를 막대, 선, 원 등의 시각적 형태로 변환하여 데이터의 추세와 비율을 직관적으로 보여줍니다.

## 1 차트 삽입하기

① '차트.xlsx' 파일을 불러와 [B4:D10] 셀을 범위로 지정한 후 [삽입] 탭에서 [차트] 그룹의 [세로 또는 가로 막대형 차트 삽입]을 선택하고 [묶은 세로 막대형] 차트를 선택합니다.

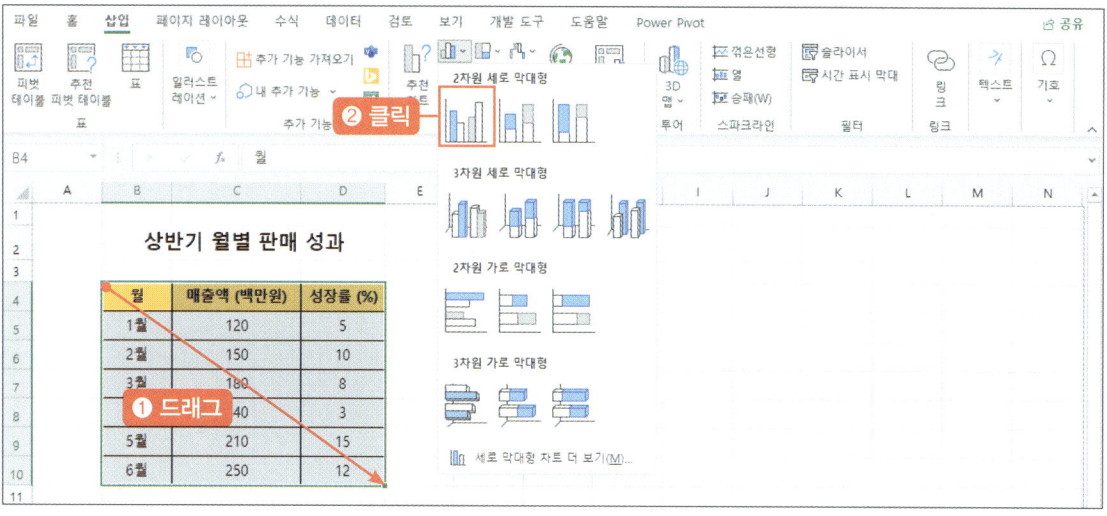

② 성장률과 매출액의 표 데이터가 세로 막대형 차트로 만들어집니다.

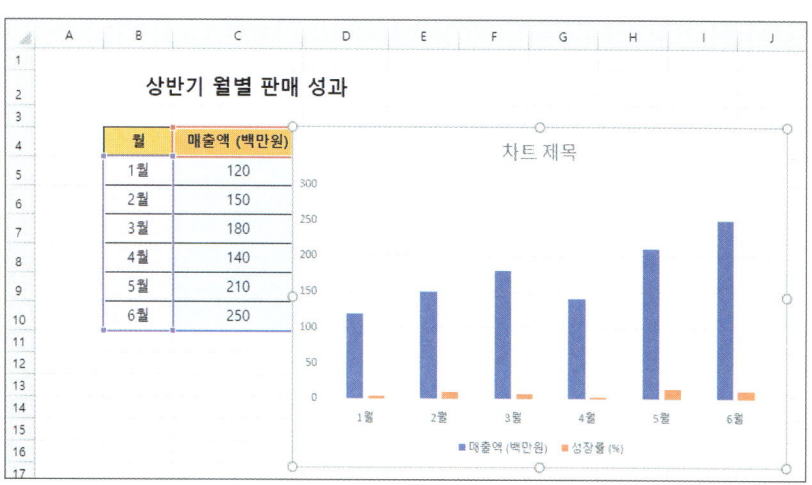

## 2 차트 서식 변경하기

**1** 차트를 클릭하고 [차트 디자인] 탭에서 [차트 스타일] 그룹의 [스타일 14]를 선택하여 차트의 스타일을 변경합니다.

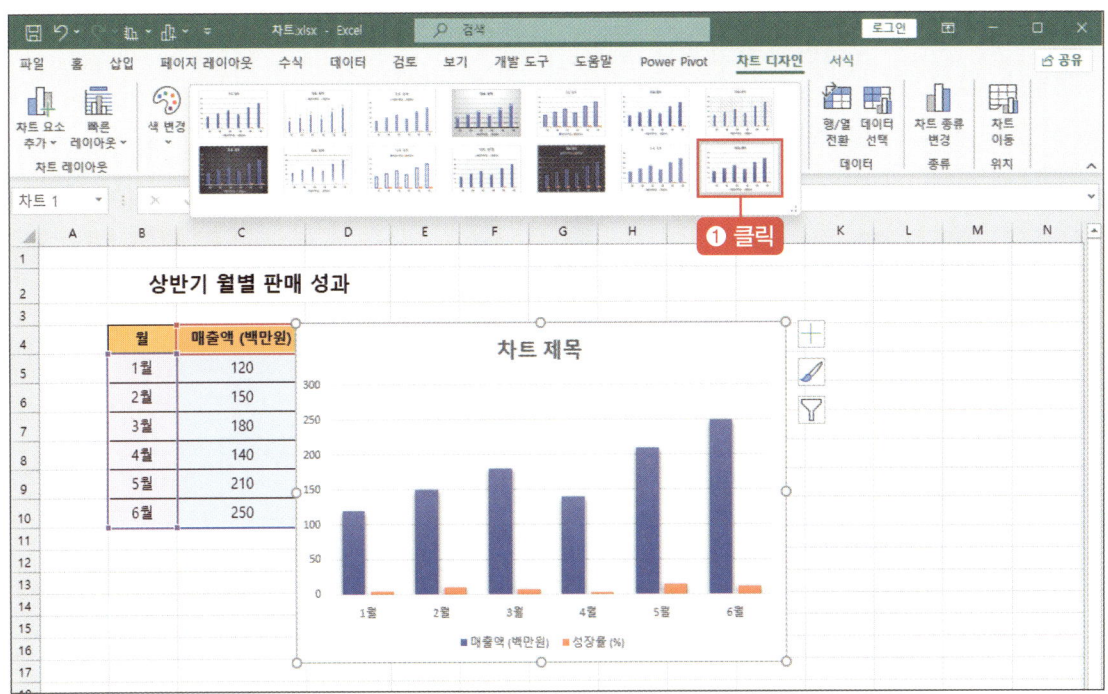

**2** '차트 제목'을 드래그하여 선택하고 '상반기 월별 판매 성과'를 입력하여 차트의 제목을 변경합니다.

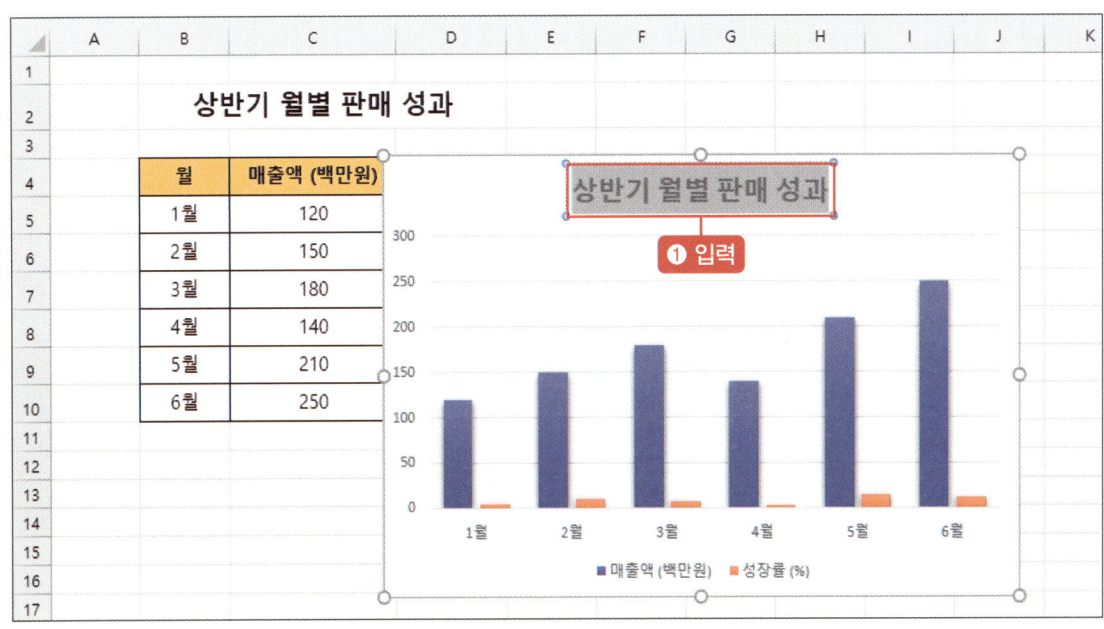

③ 차트 오른쪽 상단의 '+' 모양 아이콘을 클릭한 후 [데이터 레이블]-[바깥쪽 끝에]를 선택해서 막대 그래프 바깥쪽에 숫자로 데이터값을 표시해 줍니다.

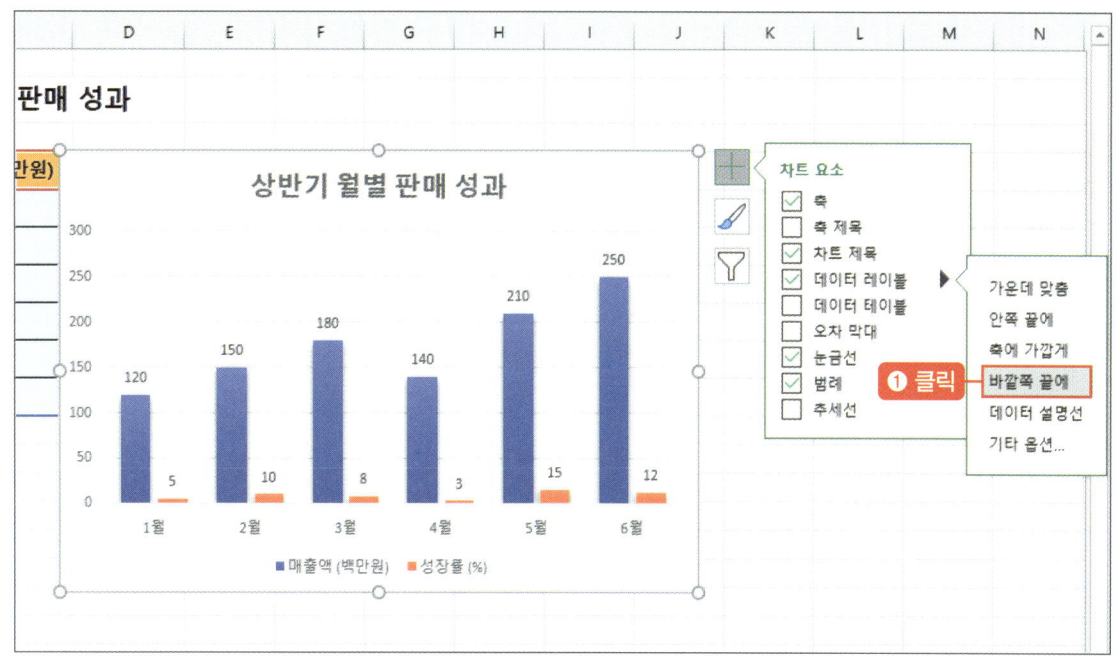

④ 다시 한번 '+' 모양 아이콘을 클릭한 후 [눈금선]-[기본 주 세로]를 선택해서 월별 그래프를 구분합니다.

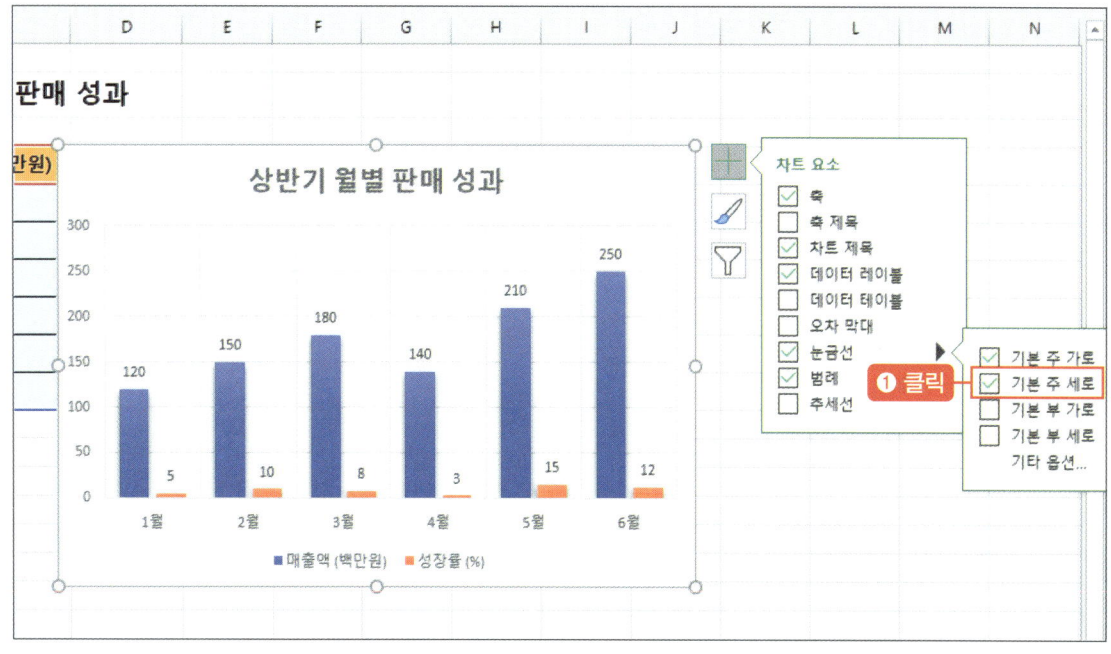

## 3 차트 종류 변경하기

**1** 매출액과 성장률의 단위가 달라 성장률이 제대로 보이지 않으므로 차트 종류를 변경해 두 데이터 모두 잘 보이도록 수정합니다. 차트를 선택하고 [차트 디자인] 탭에서 [종류] 그룹의 [차트 종류 변경]을 클릭합니다.

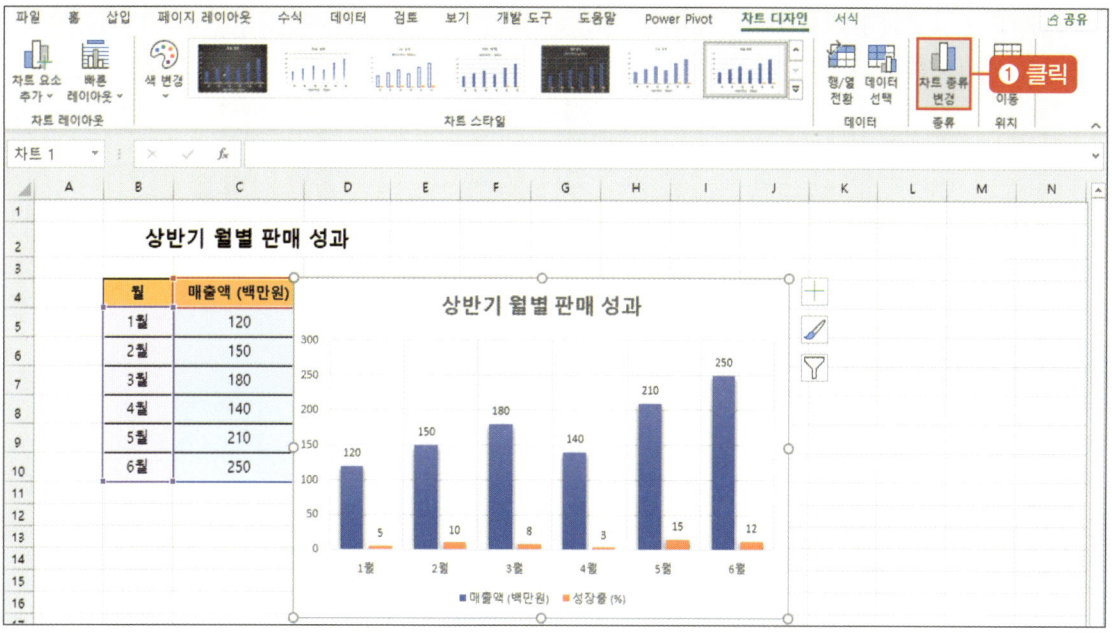

**2** [차트 종류 변경] 대화상자가 나타나면 [모든 차트] 탭의 '혼합'을 클릭하고 '사용자 지정 조합'을 선택합니다. '성장률(%)'의 '보조축'을 체크한 후 [확인]을 클릭합니다.

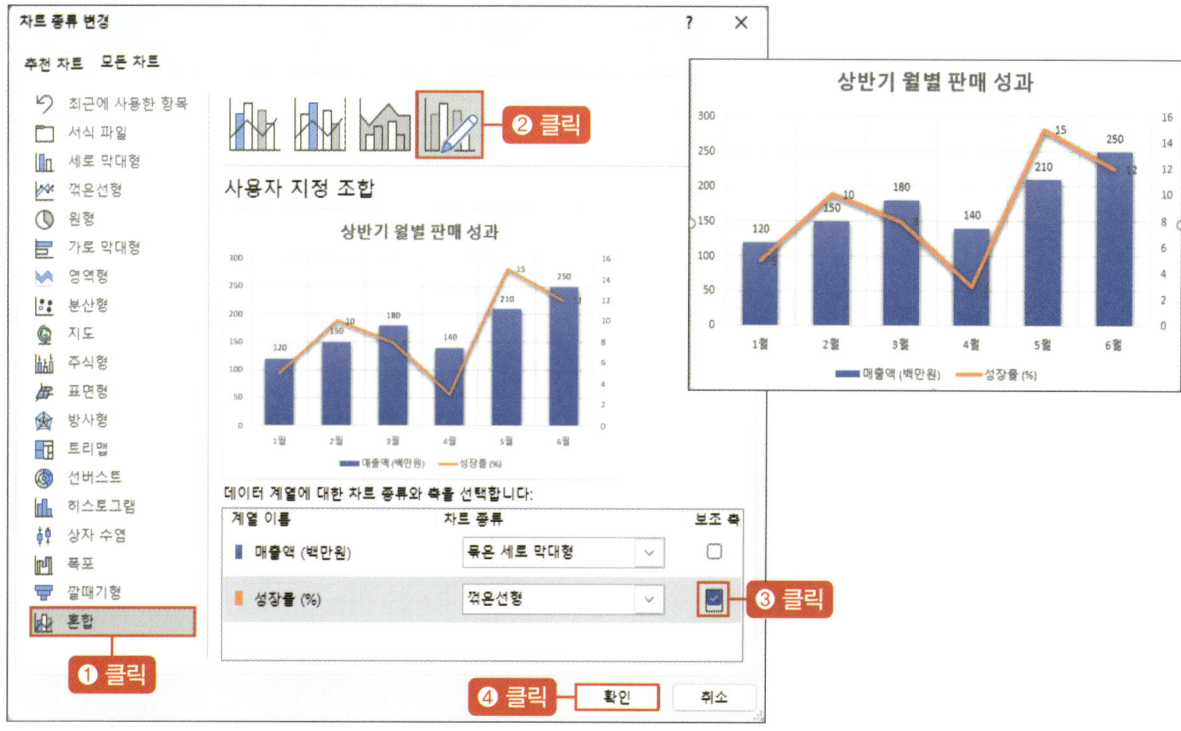

## 셀프 테스트

**1** '제품판매량_차트.xlsx' 파일을 불러와 막대형 차트를 만들어 보세요.

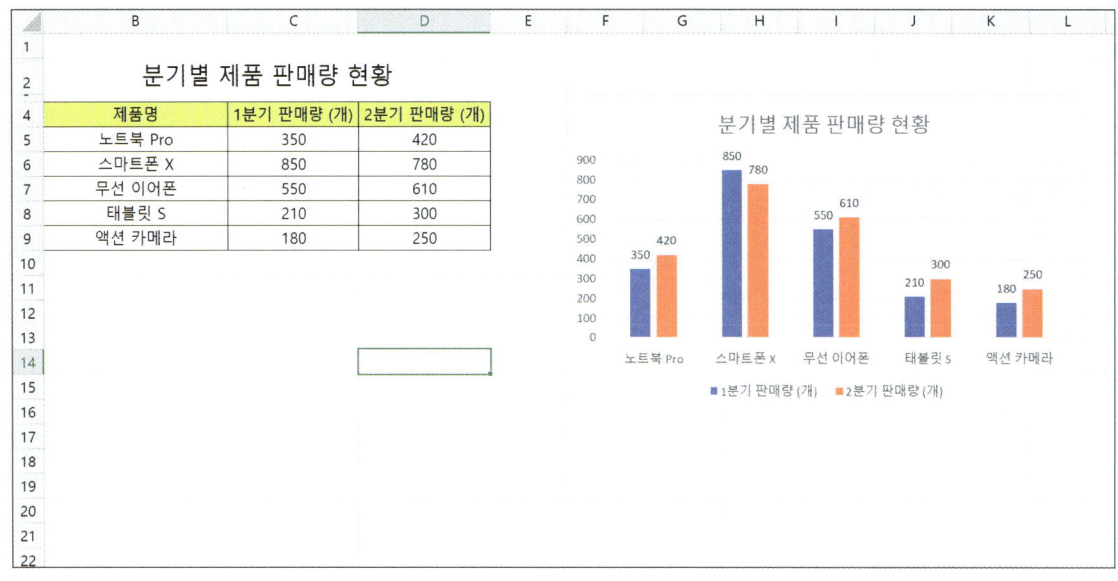

**2** '비용추이_차트.xlsx' 파일을 불러와 표식이 있는 꺾은선형 차트를 만들어 보세요.

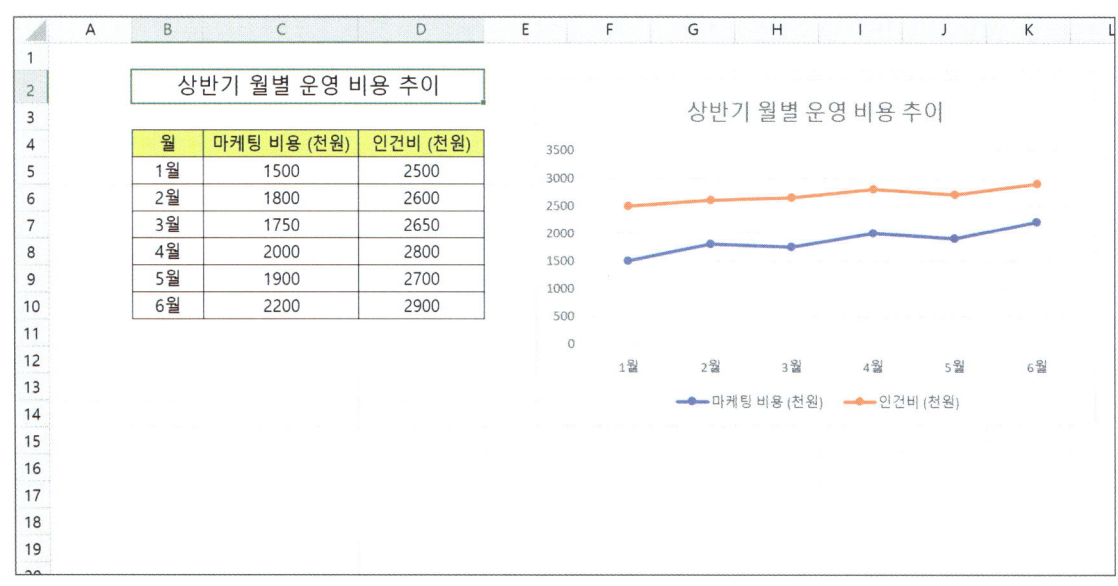

❸ '평가점수_차트.xlsx' 파일을 불러와 원형 차트를 만들어 보세요.

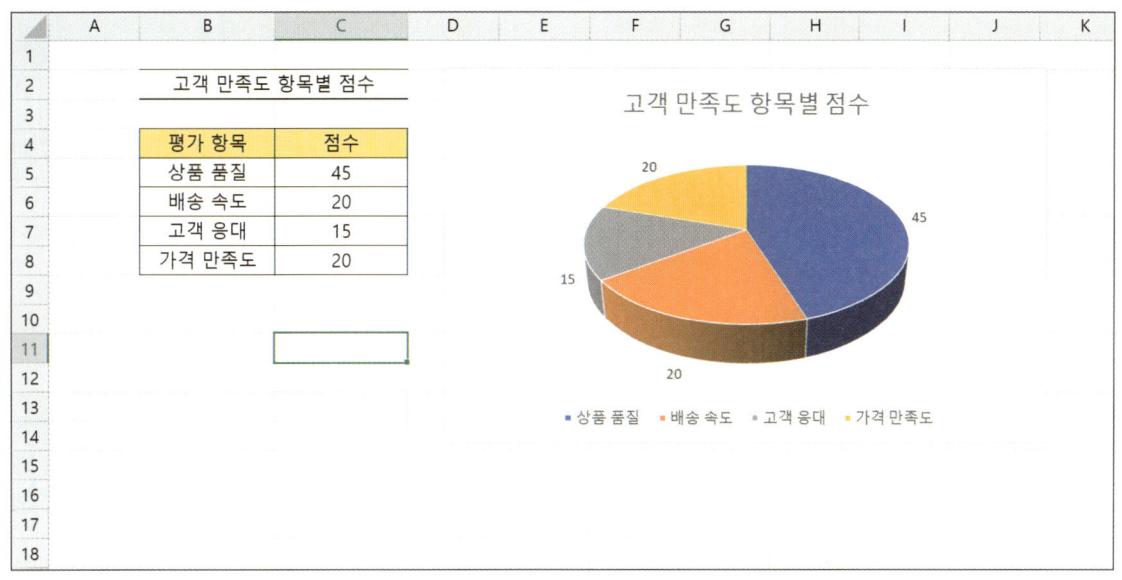

❹ '매출달성률_차트.xlsx' 파일을 불러와 세로 막대형-꺾은선형의 혼합 차트를 만들어 보세요.

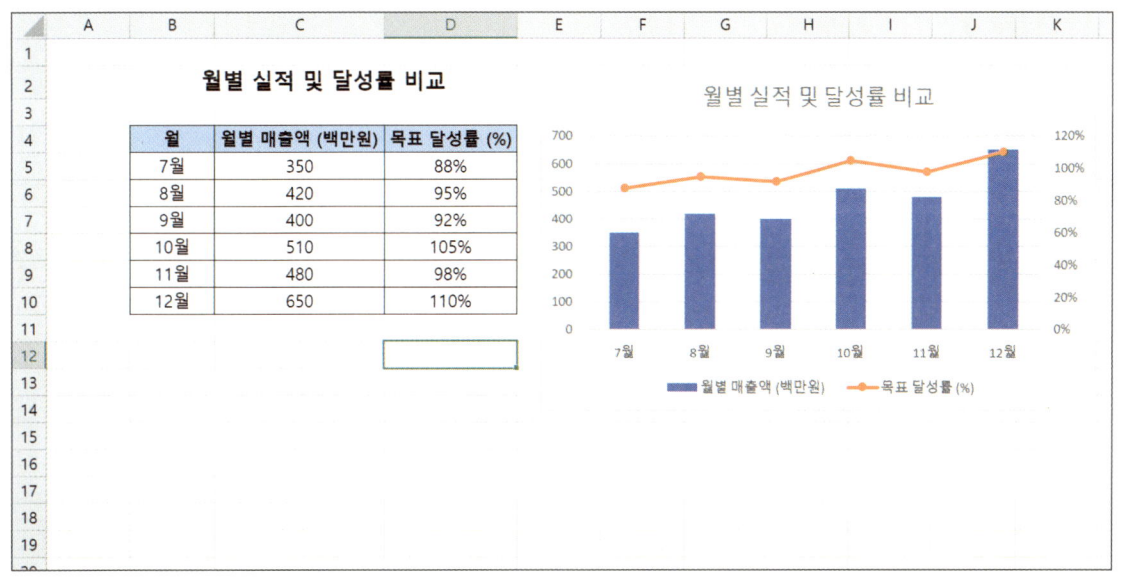

Excel 2021

# SECTION 16 자동 필터로 데이터 추출하기

방대한 데이터에서 원하는 정보만 빠르게 추출하고 싶을 경우 자동 필터를 사용합니다. 자동 필터는 가장 쉽고 빠른 데이터 추출 도구입니다. 복잡한 수식 없이 클릭 몇 번만으로 특정 텍스트나 숫자를 추출하거나 조건에 맞는 행을 즉시 분리하여 표시할 수 있습니다.

## 1 텍스트 데이터 추출하기

**1** '필터링.xlsx' 파일을 불러와 [B4] 셀을 선택하고 [데이터] 탭에서 [정렬 및 필터] 그룹의 [필터]를 선택합니다.

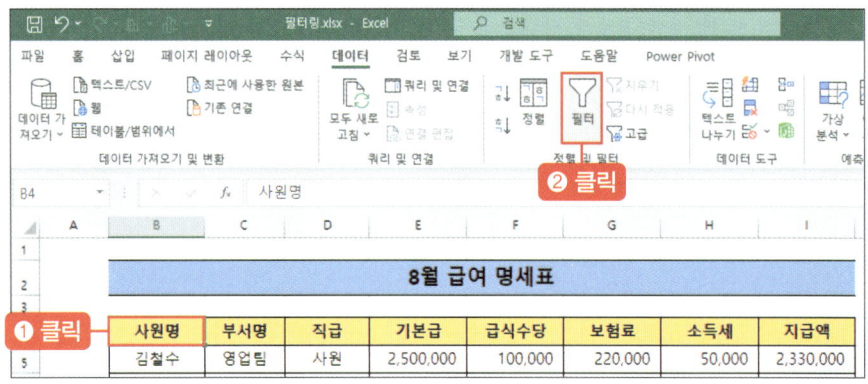

**2** 4행의 제목 셀 옆에 자동 필터 버튼이 나타납니다. '부서명' 옆에 있는 자동 필터 버튼을 클릭한 후 체크 박스 목록에서 '영업팀'만 남기고 모두 숨긴 후 [확인]을 클릭합니다.

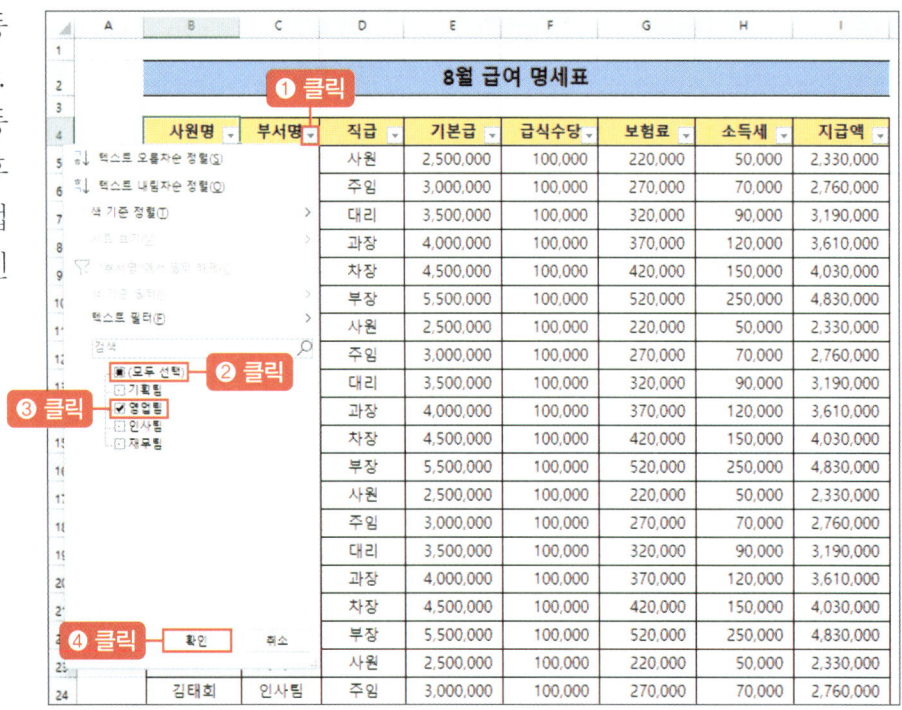

❸ 자동 필터 기능으로 영업팀 데이터만 표시됩니다.

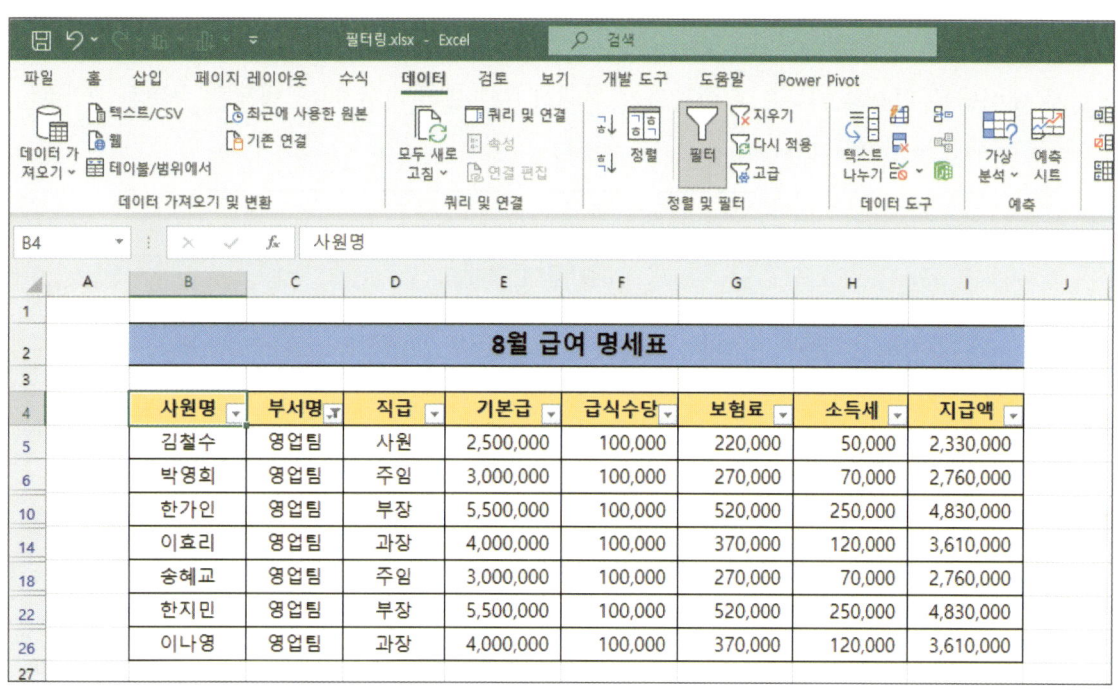

❹ 부서명에 적용된 필터를 해제하려면 부서명 옆에 있는 자동 필터 버튼을 클릭한 후 ["부서명"에서 필터 해제]를 클릭합니다.

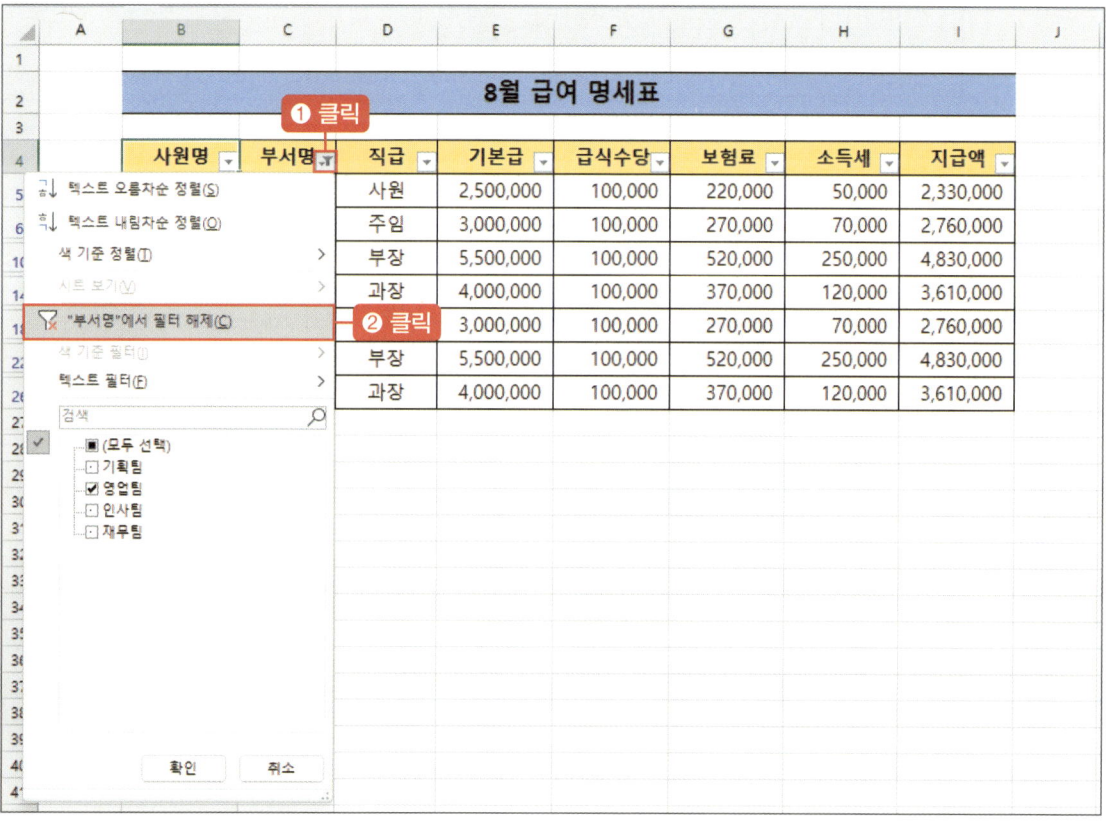

## 2 숫자 데이터 추출하기

**1** 숫자 데이터를 필터링 기능으로 추출하기 위해서 [I4] 셀의 자동 필터 버튼을 클릭한 후 [숫자 필터]에서 [크거나 같음]을 선택합니다.

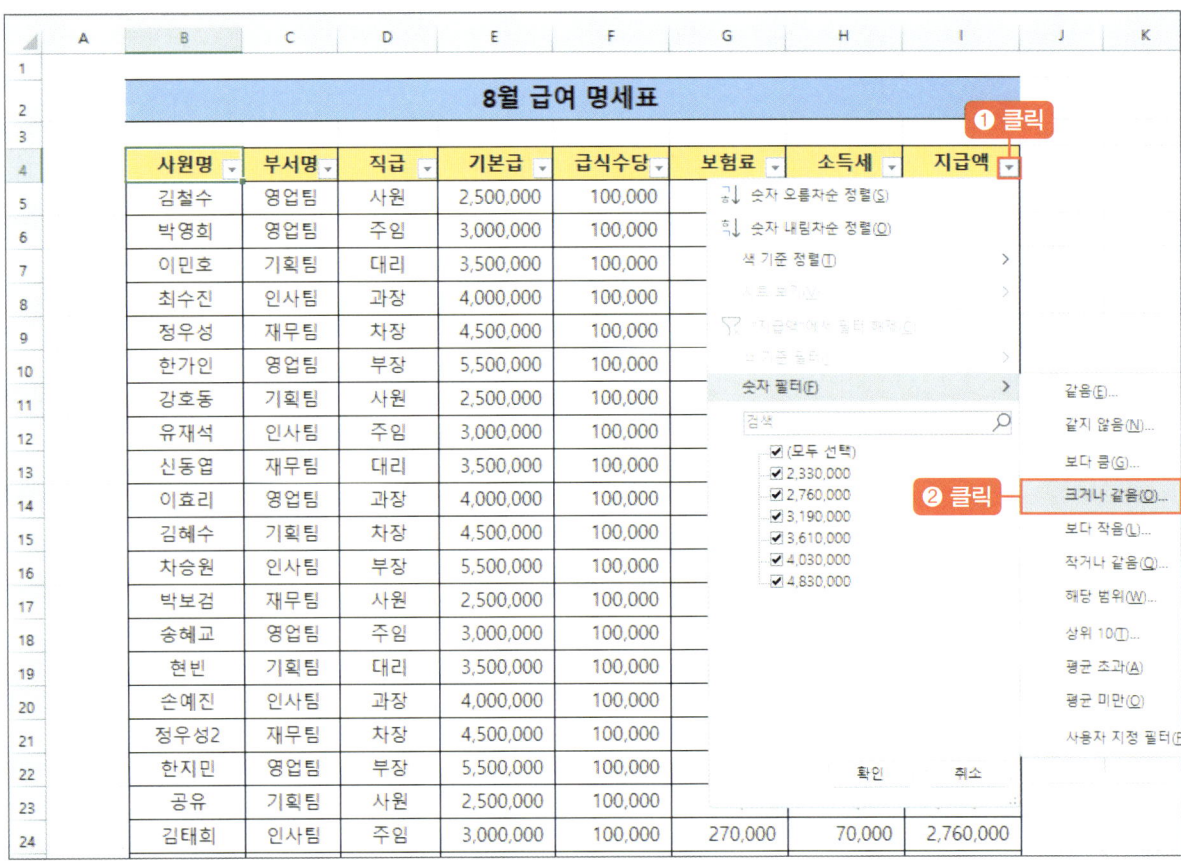

**2** [사용자 지정 자동 필터] 대화상자가 나타나면 '찾을 조건'에서 '>='을 선택하고, '3000000'을 입력한 후 '그리고'를 선택합니다. 계속해서 '<'를 선택하고 '4000000'을 입력한 후 [확인]을 클릭합니다.

## 3 8월 급여 명세표에서 지급액이 3,000,000원과 4,000,000원 사이의 데이터만 표시해 줍니다.

**8월 급여 명세표**

| 사원명 | 부서명 | 직급 | 기본급 | 급식수당 | 보험료 | 소득세 | 지급액 |
|---|---|---|---|---|---|---|---|
| 이민호 | 기획팀 | 대리 | 3,500,000 | 100,000 | 320,000 | 90,000 | 3,190,000 |
| 최수진 | 인사팀 | 과장 | 4,000,000 | 100,000 | 370,000 | 120,000 | 3,610,000 |
| 신동엽 | 재무팀 | 대리 | 3,500,000 | 100,000 | 320,000 | 90,000 | 3,190,000 |
| 이효리 | 영업팀 | 과장 | 4,000,000 | 100,000 | 370,000 | 120,000 | 3,610,000 |
| 현빈 | 기획팀 | 대리 | 3,500,000 | 100,000 | 320,000 | 90,000 | 3,190,000 |
| 손예진 | 인사팀 | 과장 | 4,000,000 | 100,000 | 370,000 | 120,000 | 3,610,000 |
| 원빈 | 재무팀 | 대리 | 3,500,000 | 100,000 | 320,000 | 90,000 | 3,190,000 |
| 이나영 | 영업팀 | 과장 | 4,000,000 | 100,000 | 370,000 | 120,000 | 3,610,000 |

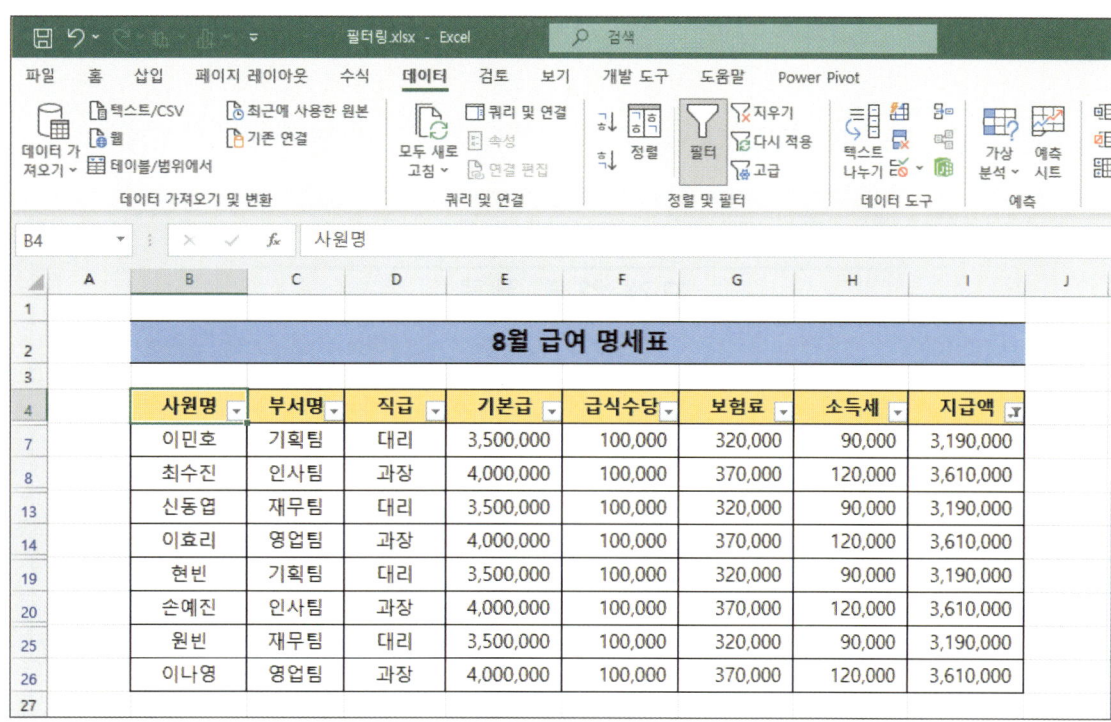

### 더 알아보기 자동 필터의 [숫자 필터] 하위 메뉴

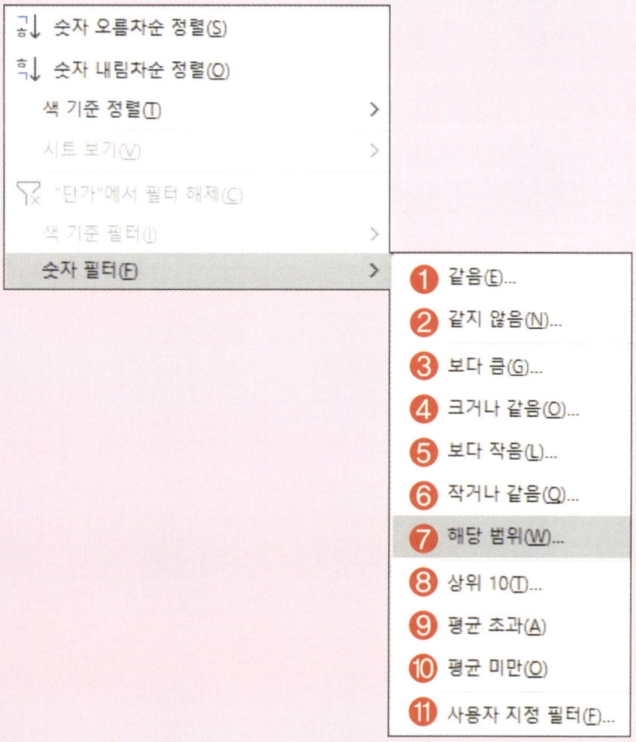

❶ **같음** 지정한 숫자와 정확히 같은 값만 표시합니다.
❷ **같지 않음** 지정한 숫자와 다른 값을 표시합니다.
❸ **보다 큼** 지정한 숫자보다 큰 값만 표시합니다.
❹ **크거나 같음** 지정한 숫자보다 크거나 같은 값을 표시합니다.
❺ **보다 작음** 지정한 숫자보다 작은 값만 표시합니다.
❻ **작거나 같음** 지정한 숫자보다 작거나 같은 값을 표시합니다.
❼ **해당 범위** 두 숫자 사이에 포함된 값을 표시합니다. (이상, 이하)
❽ **상위 10** 값이 큰 순서로 상위 10개(기본값) 또는 원하는 개수만큼 표시합니다.
❾ **평균 초과** 전체 평균보다 큰 값만 표시합니다.
❿ **평균 미만** 전체 평균보다 작은 값만 표시합니다.
⓫ **사용자 지정 필터** 위의 조건들을 조합하거나 새로운 복합 조건을 직접 지정할 수 있는 창이 열립니다.

## 셀프 테스트

**1** '고객주문리스트.xlsx' 파일을 불러와 '고객 지역'이 '경기'인 데이터만 표시해 보세요.

### 고객 주문 목록

| 주문 번호 | 고객명 | 고객 지역 | 주문 금액 |
|---|---|---|---|
| ORD002 | 박진수 | 경기 | 120,000 |
| ORD006 | 강성훈 | 경기 | 150,000 |
| ORD009 | 임서준 | 경기 | 88,000 |

**2** '제품별가격리스트.xlsx' 파일을 불러와 '판매 가격'이 100,000원보다 큰 제품만 표시해 보세요.

### 제품별 판매 가격 리스트

| 제품 코드 | 제품명 | 카테고리 | 판매 가격 (원) |
|---|---|---|---|
| P002 | 노이즈 캔슬링 이어폰 | 전자제품 | 129,000 |
| P006 | 태블릿 PC | 전자제품 | 480,000 |
| P008 | 게이밍 마우스 | 전자제품 | 115,000 |
| P009 | 여행용 캐리어 | 잡화 | 150,000 |
| P011 | 무선 키보드 | 전자제품 | 135,000 |

❸ '직원평가현황.xlsx' 파일을 불러와 '평가 점수'가 80~90 사이의 사원만 표시해 보세요.

| 사원번호 | 사원명 | 부서 | 평가 점수 |
|---|---|---|---|
| E002 | 김철수 | 기획 | 83 |
| E006 | 정우성 | 기획 | 88 |
| E008 | 강하늘 | 재무 | 80 |
| E011 | 문채원 | 인사 | 86 |

**직원별 분기 평가 점수 현황**

❹ '직원별매출성과.xlsx' 파일을 불러와 '매출액'이 평균을 초과한 사원만 표시해 보세요.

**직원별 월별 매출 성과**

| 사번 | 직원명 | 부서 | 매출액 (천원) |
|---|---|---|---|
| S01 | A직원 | 영업 | 5,200 |
| S03 | C직원 | 영업 | 6,500 |
| S05 | E직원 | 영업 | 7,000 |
| S07 | G직원 | 영업 | 5,800 |
| S09 | I직원 | 영업 | 6,100 |

Excel 2021

# 17 데이터 정렬과 부분합
SECTION

방대한 데이터에서 의미 있는 정보를 찾으려면 먼저 데이터를 구조화해야 합니다. 정렬을 통해 데이터를 기준에 따라 깔끔하게 배열한 후 부분합 기능으로 그룹별 합계, 평균 등 요약 정보를 손쉽게 추출할 수 있습니다.

## 1 데이터 정렬하기

**1** '정렬_부분합.xlsx' 파일을 불러와 [F5] 셀을 선택하고 [데이터] 탭에서 [정렬 및 필터] 그룹의 [텍스트 내림차순]을 클릭합니다.

> **TIP** [정렬 및 필터] 그룹의 내림차순/오름차순 아이콘에 마우스를 올려놓았을 때 텍스트가 입력된 셀을 선택했을 때에는 텍스트 내림차순/오름차순으로, 숫자가 입력된 셀을 선택했을 때에는 숫자 내림차순/오름차순으로 설명이 표시됩니다.

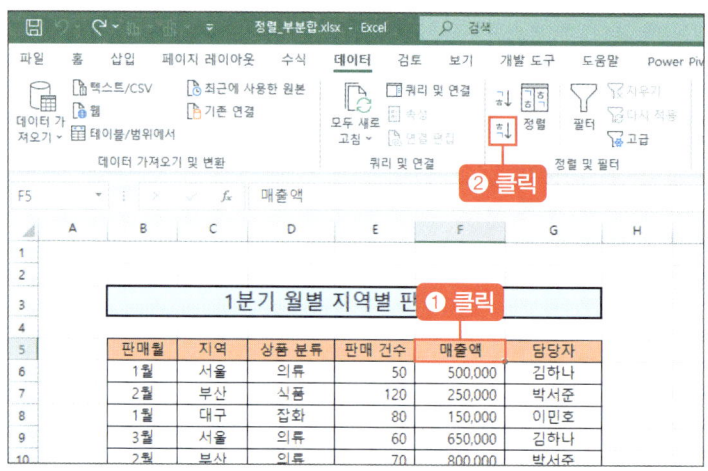

**2** 매출액이 입력된 [F6:F18] 범위의 숫자 데이터를 기준으로 내림차순으로 정렬됩니다. 이번에는 [데이터] 탭의 [정렬 및 필터] 그룹에서 [정렬]을 클릭합니다.

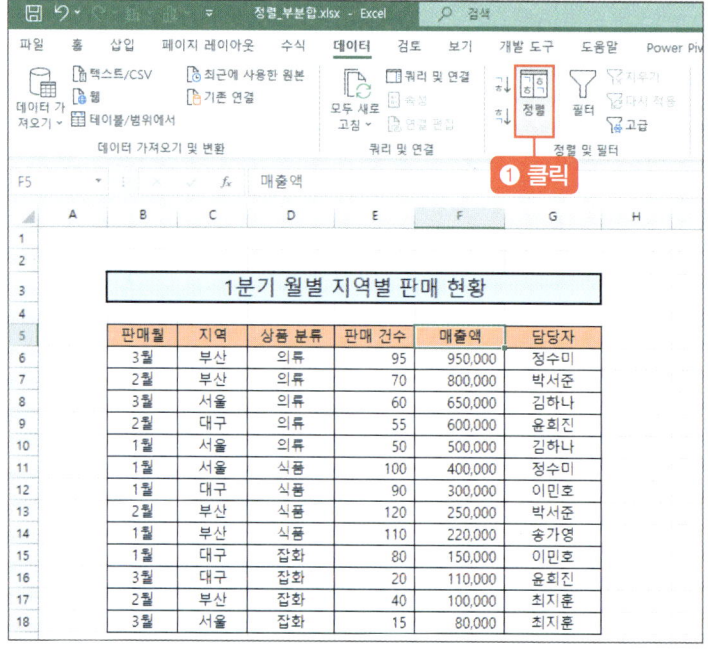

③ [정렬] 대화상자가 나타나면 '정렬 기준'을 '지역', '셀 값', '오름차순'으로 설정하고 상단의 [기준 추가]를 클릭합니다.

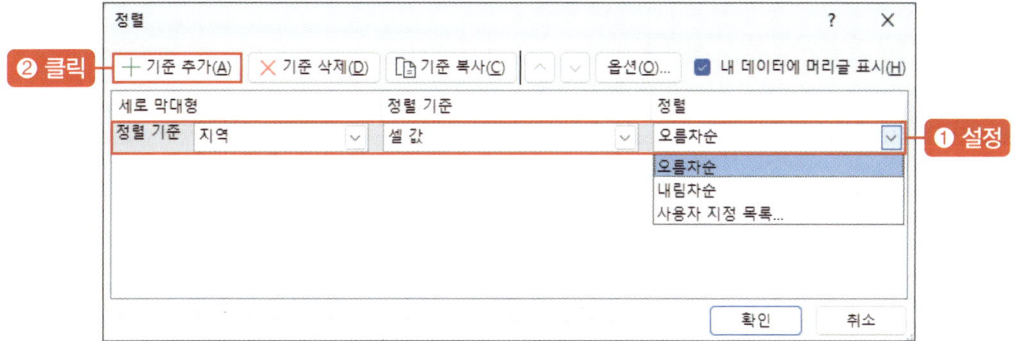

④ 정렬 기준이 아래에 하나 더 추가되면 '매출액', '셀 값', '내림차순'으로 설정하고 [확인]을 클릭합니다.

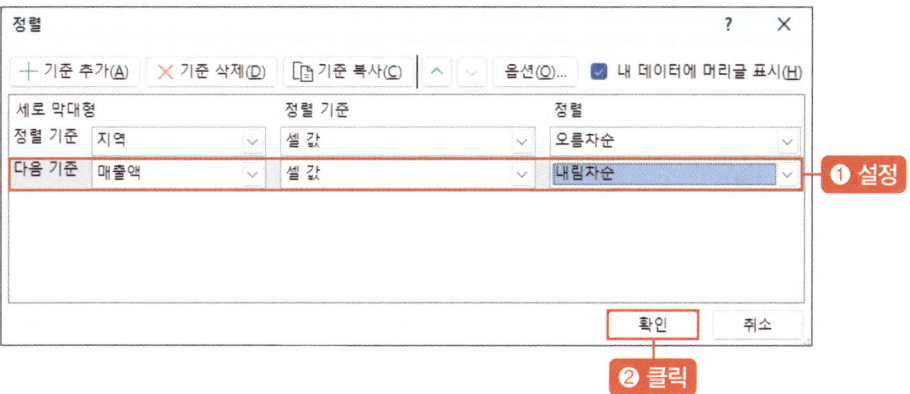

⑤ 데이터가 '지역'을 기준으로 오름차순으로 정렬된 다음, 지역 내에서는 '매출액'을 기준으로 내림차순으로 정렬됩니다.

## 2 부분합 삽입하기

**1** [데이터] 탭에서 [개요] 그룹의 [부분합]을 선택합니다.

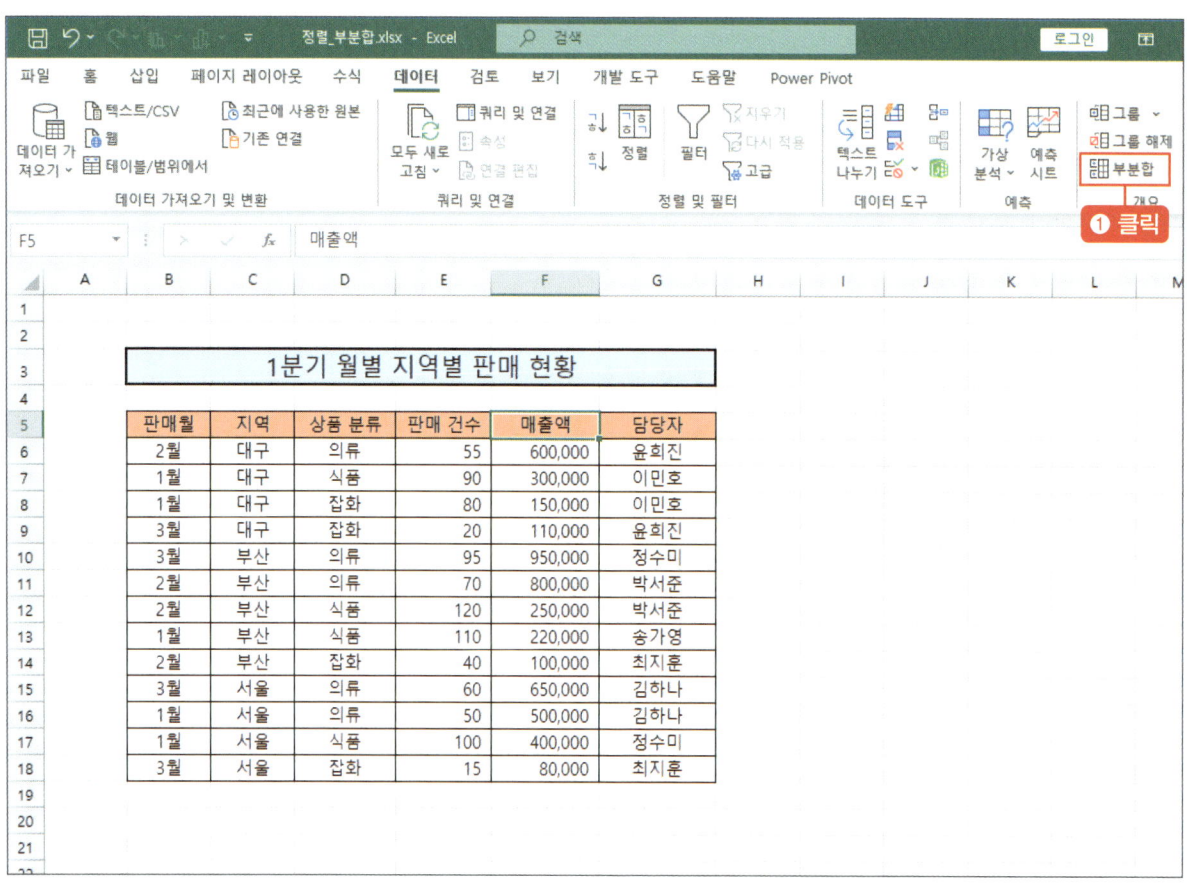

**2** [부분합] 대화상자가 나타나면 '그룹화할 항목'은 '지역', '사용할 함수'는 '합계', '부분합 계산 항목'은 '매출액'을 선택하고 [확인]을 클릭합니다.

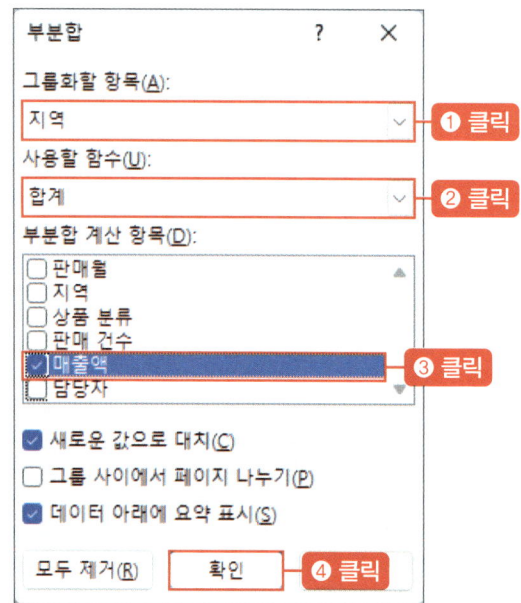

❸ 다음과 같이 지역별 매출액의 합계와 총합계가 자동으로 표시됩니다.

| 판매월 | 지역 | 상품 분류 | 판매 건수 | 매출액 | 담당자 |
|---|---|---|---|---|---|
| 2월 | 대구 | 의류 | 55 | 600,000 | 윤희진 |
| 1월 | 대구 | 식품 | 90 | 300,000 | 이민호 |
| 1월 | 대구 | 잡화 | 80 | 150,000 | 이민호 |
| 3월 | 대구 | 잡화 | 20 | 110,000 | 윤희진 |
|  | 대구 요약 |  |  | 1,160,000 |  |
| 3월 | 부산 | 의류 | 95 | 950,000 | 정수미 |
| 2월 | 부산 | 의류 | 70 | 800,000 | 박서준 |
| 2월 | 부산 | 식품 | 120 | 250,000 | 박서준 |
| 1월 | 부산 | 식품 | 110 | 220,000 | 송가영 |
| 2월 | 부산 | 잡화 | 40 | 100,000 | 최지훈 |
|  | 부산 요약 |  |  | 2,320,000 |  |
| 3월 | 서울 | 의류 | 60 | 650,000 | 김하나 |
| 1월 | 서울 | 의류 | 50 | 500,000 | 김하나 |
| 1월 | 서울 | 식품 | 100 | 400,000 | 정수미 |
| 3월 | 서울 | 잡화 | 15 | 80,000 | 최지훈 |
|  | 서울 요약 |  |  | 1,630,000 |  |
|  | 총합계 |  |  | 5,110,000 |  |

1분기 월별 지역별 판매 현황

❹ 워크시트 왼쪽에 표시된 개요 기호에서 [2]를 클릭하면 지역별 부분합이 표시됩니다. 개요 기호의 [1]은 총합, [2]는 지역별 부분합, [3]은 전체 데이터를 나타냅니다.

❶ 클릭

1분기 월별 지역별 판매 현황

| 판매월 | 지역 | 상품 분류 | 판매 건수 | 매출액 | 담당자 |
|---|---|---|---|---|---|
|  | 대구 요약 |  |  | 1,160,000 |  |
|  | 부산 요약 |  |  | 2,320,000 |  |
|  | 서울 요약 |  |  | 1,630,000 |  |
|  | 총합계 |  |  | 5,110,000 |  |

## 셀프 테스트

**1** '직원평가점수.xlsx' 파일을 불러와 최종 점수 데이터를 내림차순으로 정렬해 보세요.

### 직원별 분기 평가 점수 현황

| 사번 | 직원명 | 부서 | 최종 점수 |
|---|---|---|---|
| E004 | 최유리 | 재무 | 95 |
| E001 | 김하나 | 영업 | 92 |
| E008 | 한지민 | 재무 | 90 |
| E003 | 이민호 | 인사 | 88 |
| E005 | 정우성 | 영업 | 81 |
| E006 | 윤지수 | 기획 | 79 |
| E002 | 박서준 | 기획 | 75 |
| E007 | 강태오 | 인사 | 68 |

**2** '팀프로젝트.xlsx' 파일을 불러와 부서 데이터를 오름차순으로 정렬해 보세요.

### 팀별 프로젝트 목록

| 프로젝트ID | 부서 | 프로젝트명 | 상태 |
|---|---|---|---|
| P102 | IT개발 | 시스템 업데이트 | 완료 |
| P105 | IT개발 | 보안 강화 | 진행중 |
| P101 | 마케팅 | 신제품 런칭 | 진행중 |
| P107 | 마케팅 | 캠페인 분석 | 완료 |
| P103 | 영업 | 주요 고객 관리 | 진행중 |
| P106 | 영업 | 잠재 고객 발굴 | 진행중 |
| P104 | 재무 | 분기 결산 보고 | 완료 |
| P108 | 재무 | 비용 효율화 | 진행중 |

③ '팀별실적현황.xlsx' 파일을 불러와 1차 기준은 '팀명'을 오름차순으로, 2차 기준은 '판매 실적'을 내림차순으로 설정하여 정렬해 보세요.

### 팀별 판매 실적 상세 현황

| 판매월 | 팀명 | 담당자 | 판매 실적 (백만 원) |
|---|---|---|---|
| 2월 | A팀 | 정우진 | 135 |
| 1월 | A팀 | 김민수 | 120 |
| 3월 | A팀 | 강하늘 | 115 |
| 3월 | B팀 | 최지우 | 110 |
| 1월 | B팀 | 한가을 | 95 |
| 2월 | B팀 | 이서연 | 85 |
| 2월 | C팀 | 송민호 | 105 |
| 1월 | C팀 | 박준형 | 90 |
| 3월 | C팀 | 윤아라 | 70 |

④ '판매기록상세.xlsx' 파일을 불러와 제품명 기준으로 합계와 매출액을 부분합으로 그룹화해 보세요.

### 제품별 판매 기록 상세

| 판매일자 | 제품명 | 지역 | 수량 | 매출액 (원) |
|---|---|---|---|---|
| 2025-01-05 | 노트북 | 서울 | 10 | 10,000,000 |
| 2025-01-08 | 노트북 | 대전 | 8 | 8,000,000 |
| 2025-01-11 | 노트북 | 수원 | 12 | 12,000,000 |
| | **노트북 요약** | | | 30,000,000 |
| 2025-01-06 | 태블릿 | 부산 | 20 | 4,000,000 |
| 2025-01-09 | 태블릿 | 광주 | 15 | 3,000,000 |
| 2025-01-12 | 태블릿 | 울산 | 25 | 5,000,000 |
| | **태블릿 요약** | | | 12,000,000 |
| 2025-01-07 | 프린터 | 대구 | 5 | 1,500,000 |
| 2025-01-10 | 프린터 | 인천 | 7 | 2,100,000 |
| 2025-01-13 | 프린터 | 성남 | 4 | 1,200,000 |
| | **프린터 요약** | | | 4,800,000 |
| | **총합계** | | | 46,800,000 |

Excel 2021

# SECTION 18 데이터 유효성 검사하기

엑셀에서 데이터값을 잘못 입력하면 다양한 문제가 발생할 수 있습니다. 데이터 유효성 검사는 셀에 입력할 수 있는 데이터의 기준(날짜 범위, 정수 범위, 목록 등)을 미리 정해 입력 오류를 방지할 수 있습니다.

## 1 데이터 입력 범위 설정하기

① '유효성검사.xlsx' 파일을 불러와 [B5:B12] 셀을 드래그하여 범위를 지정한 후 [데이터] 탭에서 [데이터 도구] 그룹의 [데이터 유효성 검사]를 선택합니다.

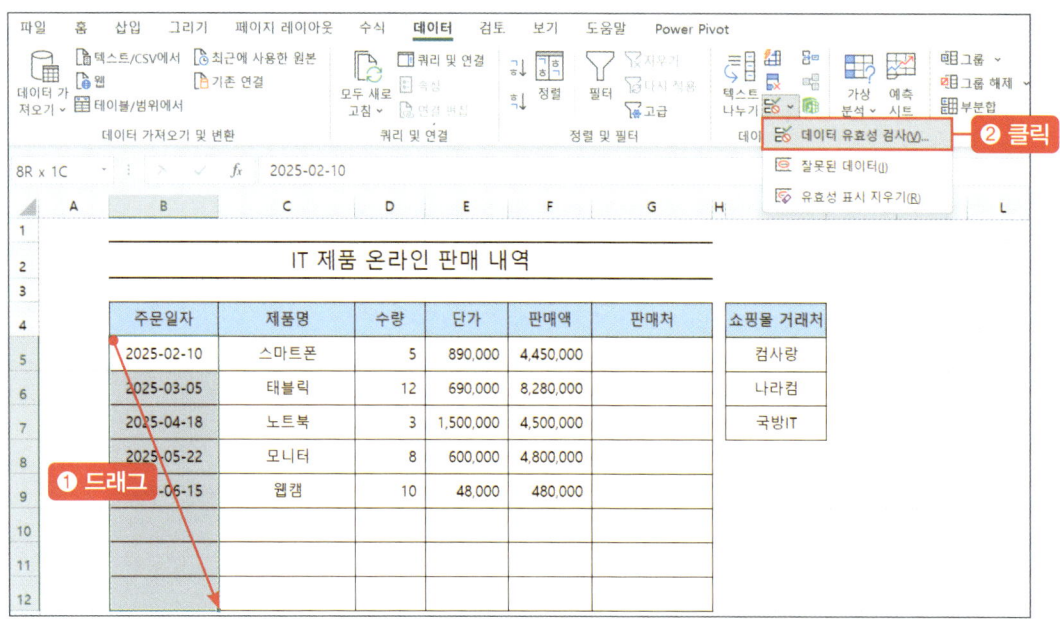

② [데이터 유효성] 대화상자가 나타나면 [설정] 탭에서 '제한 대상' 은 '날짜', '제한 방법'은 '>=', '시작 날짜'는 '2025-02-01'로 설정하고 [확인]을 클릭합니다.

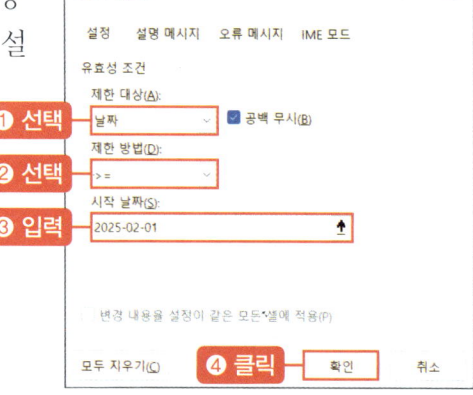

❸ [D5:D12] 셀을 범위로 지정하고 [데이터] 탭에서 [데이터 도구] 그룹의 [데이터 유효성 검사]를 선택합니다. [데이터 유효성] 대화상자의 [설정] 탭에서 '제한 대상'은 '정수', '제한 방법'은 '해당 범위', '최소값'은 '5', '최대값'은 '15'로 설정하고 [확인]을 클릭합니다.

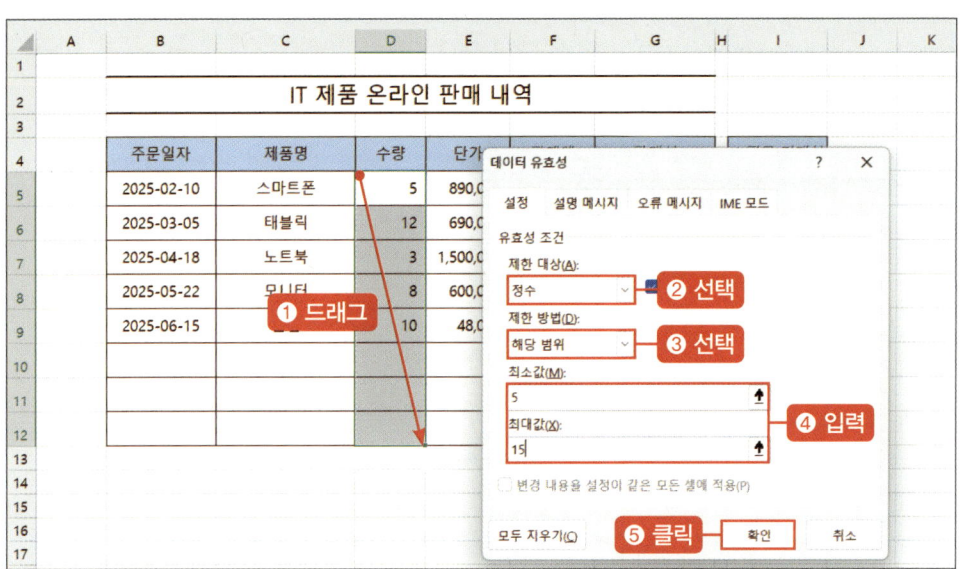

❹ [B10] 셀에 '2025-01-30'을 입력하거나 [D10] 셀에 '16'을 입력하면 데이터 유효성 대화상자에서 지정한 범위에 해당하지 않으므로 다음과 같은 오류 메시지 창이 나타납니다.

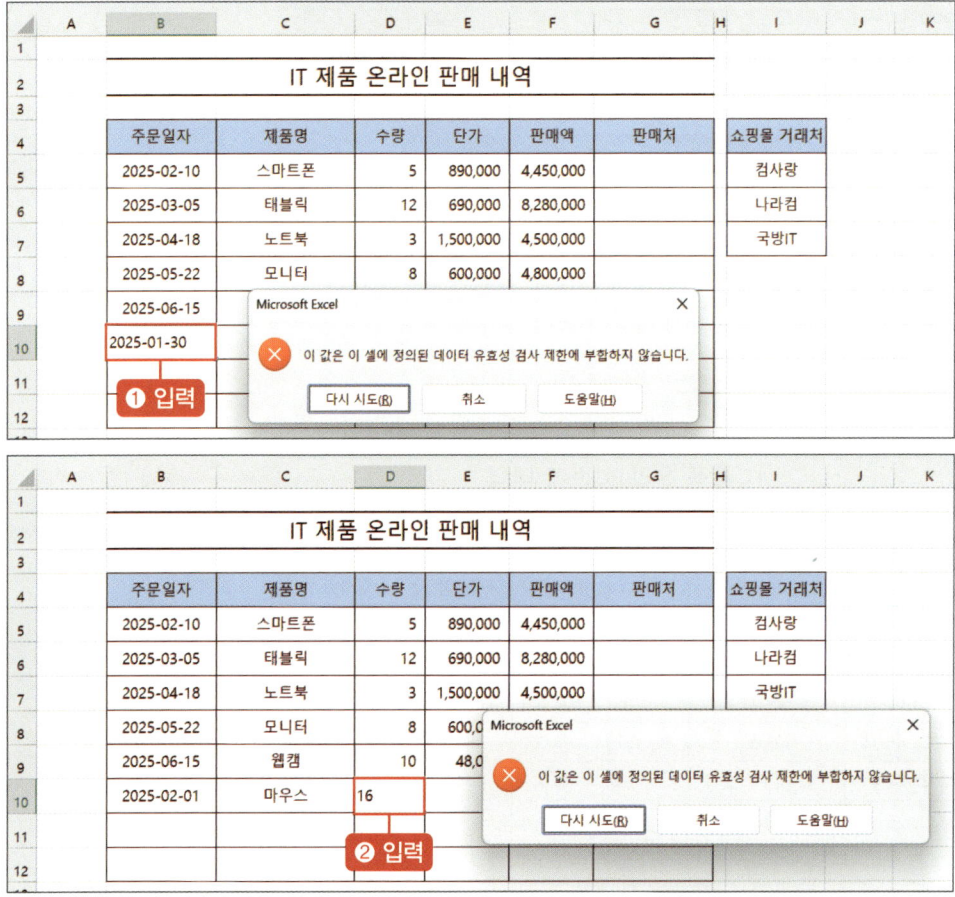

## 2 목록을 이용한 데이터 입력하기

**1** [G5:G12] 셀을 범위로 지정하고 [데이터 유효성] 대화상자를 실행합니다. [설정] 탭의 '제한 대상'을 '목록'으로 선택합니다. '원본'을 클릭하여 [I5:I7]을 범위로 지정하고 F4 키를 눌러 '$I$5:$I:$7'로 변경한 후 [확인]을 클릭합니다.

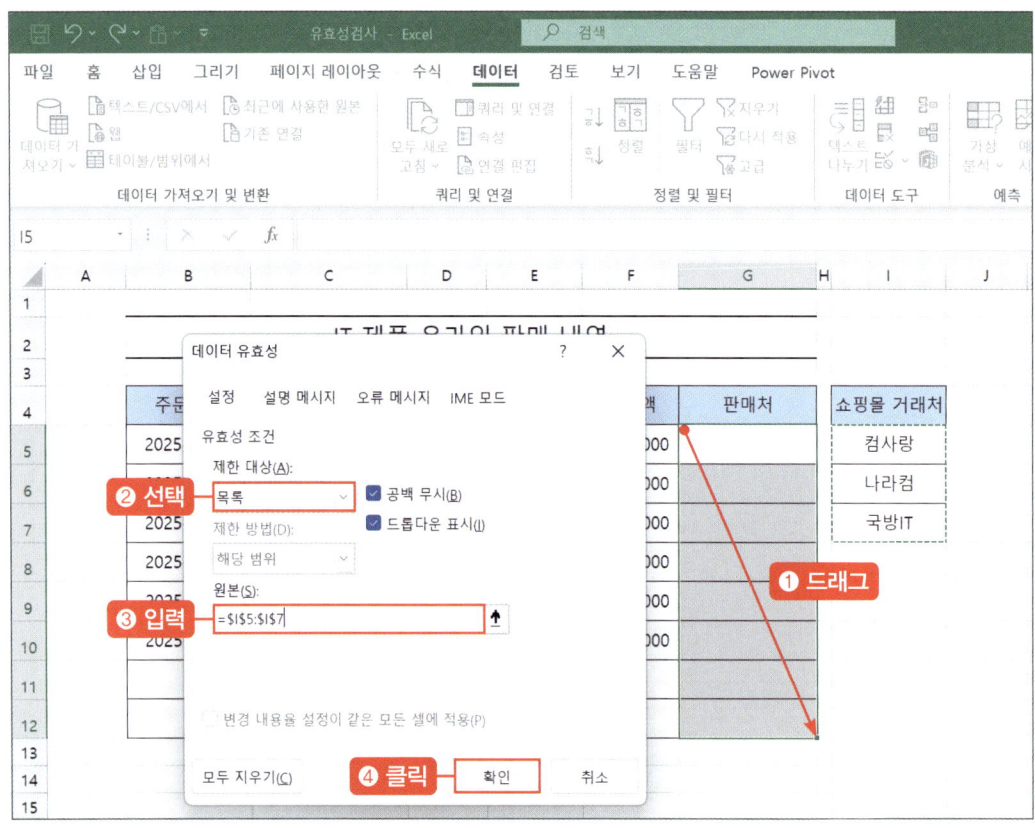

**2** [G5:G12] 셀에는 [I5:I7] 범위의 쇼핑몰 거래처가 목록으로 표시됩니다. 해당 목록 중 선택하여 데이터를 입력할 수 있습니다.

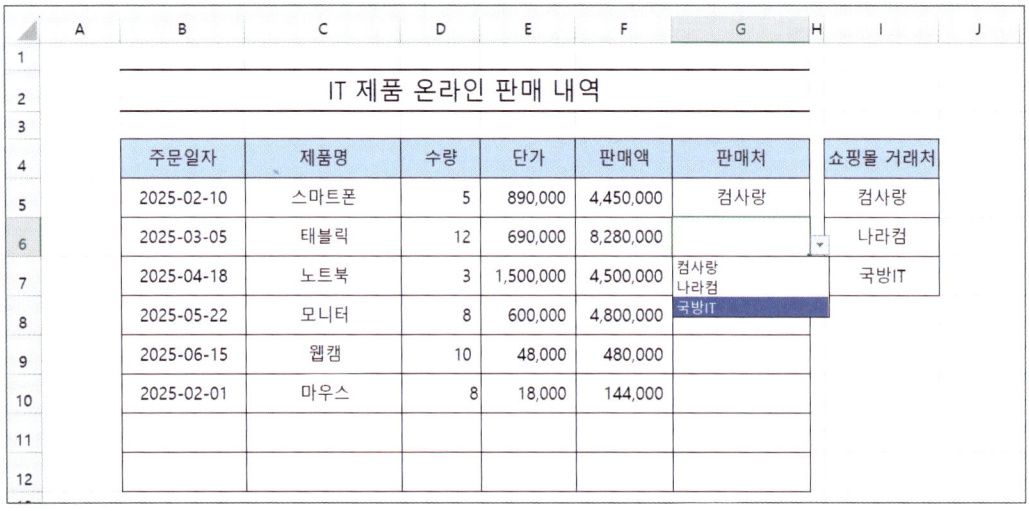

❸ [데이터] 탭에서 [데이터 도구] 그룹의 [데이터 유효성 검사]-[잘못된 데이터]를 클릭합니다.

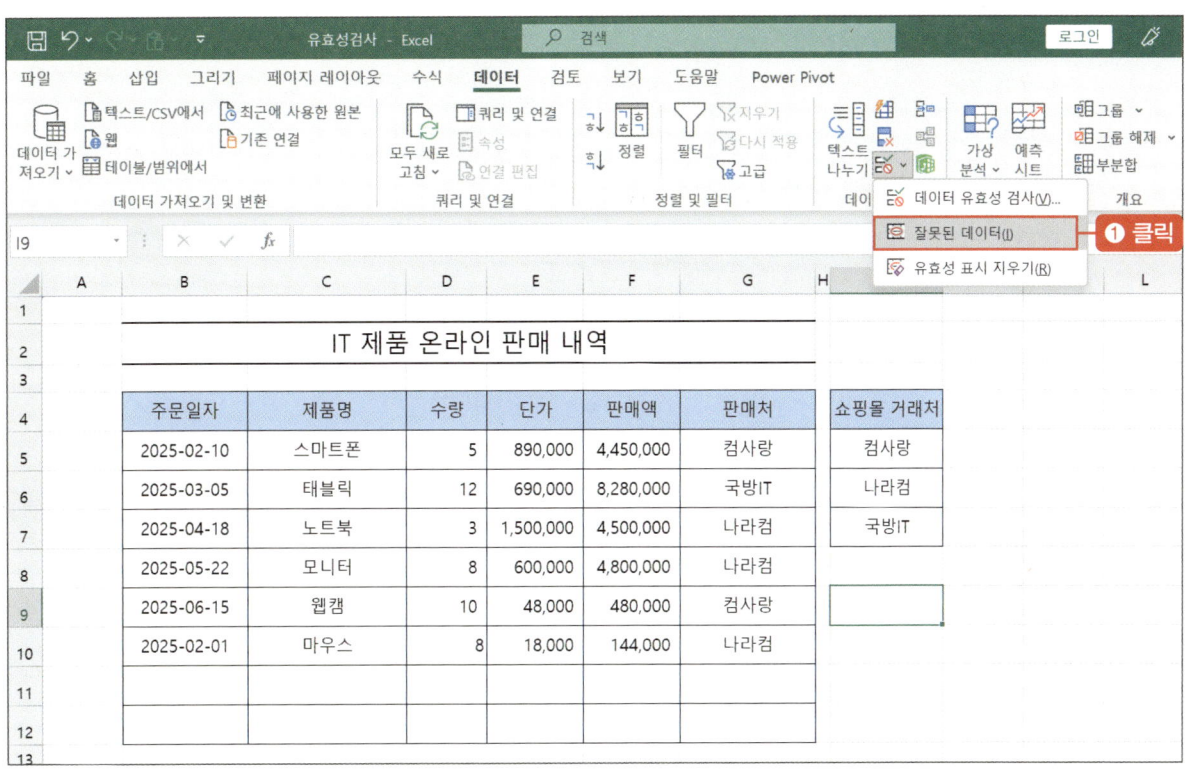

❹ 데이터 유효성 검사를 설정하기 전에 잘못 입력된 데이터를 붉은색 타원으로 표시해 줍니다.

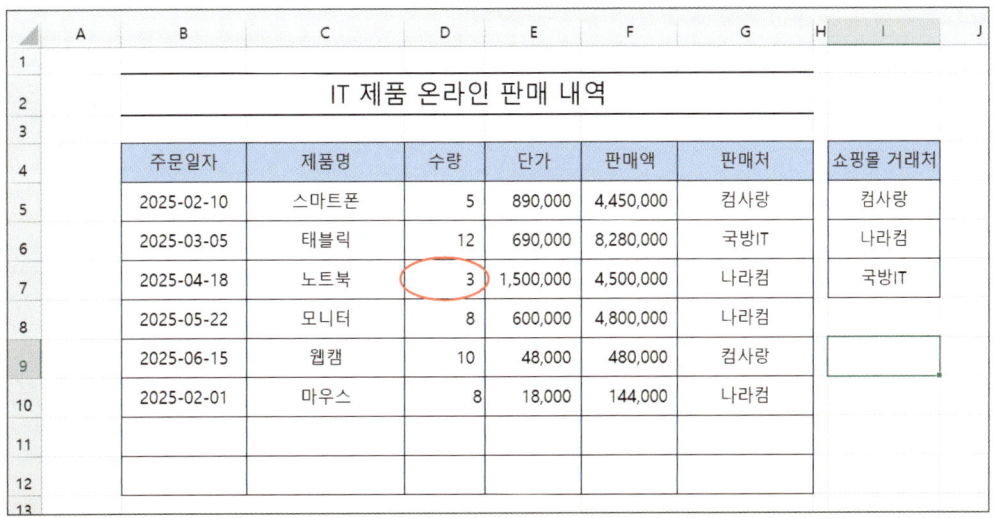

TIP 워크시트에 표시된 타원을 지우려면 [데이터] 탭에서 [데이터 도구] 그룹의 [데이터 유효성 검사]-[유효성 표시 지우기]를 선택하면 됩니다.

# 셀프 테스트

**1** '물류입고기록.xlsx' 파일을 불러와 '입고일'에 2025년 10월 5일 이전의 날짜를 입력하면 오류 메시지가 나타나도록 설정해 보세요.

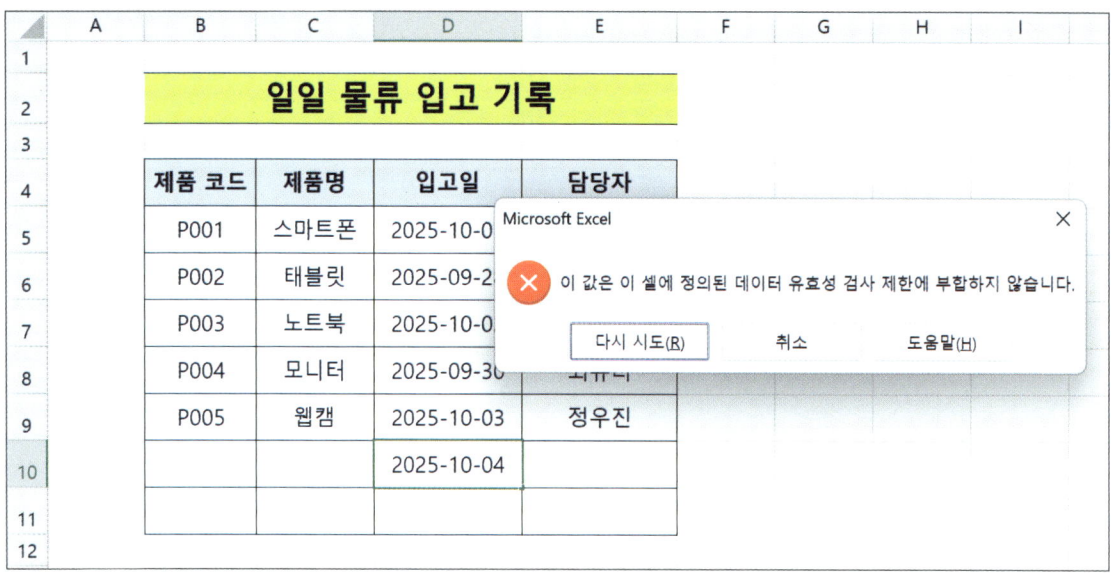

**2** '주문요청서.xlsx' 파일을 불러와 '주문 수량'이 10~1,000까지만 입력되도록 설정해 보세요.

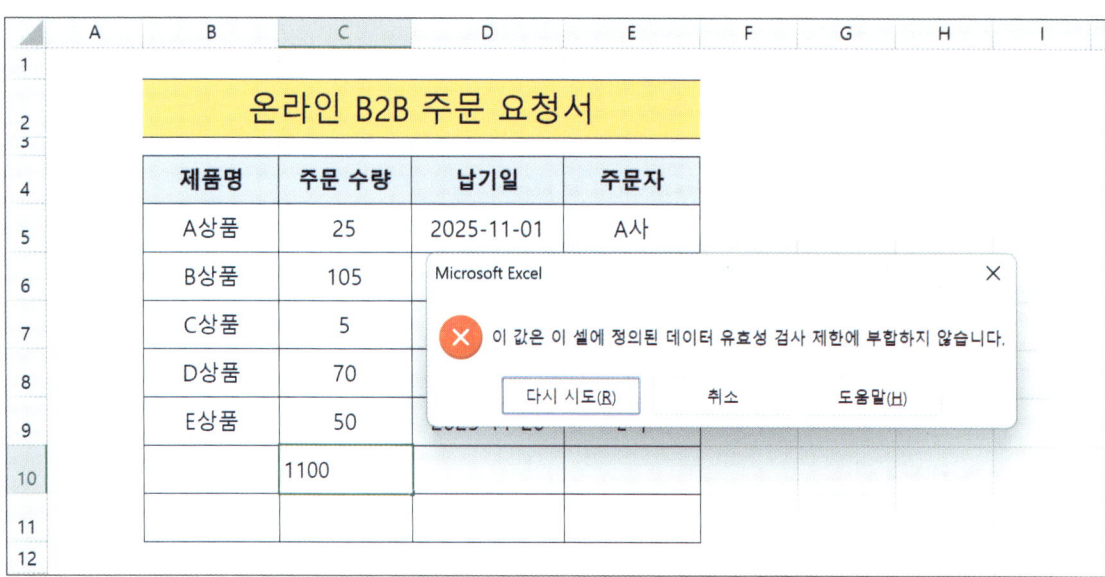

③ '상담기록상세.xlsx' 파일을 불러와 메모에 10글자 이상만 입력되도록 설정해 보세요.
(힌트: 사용자 지정, =LEN(E10:E17)>=10)

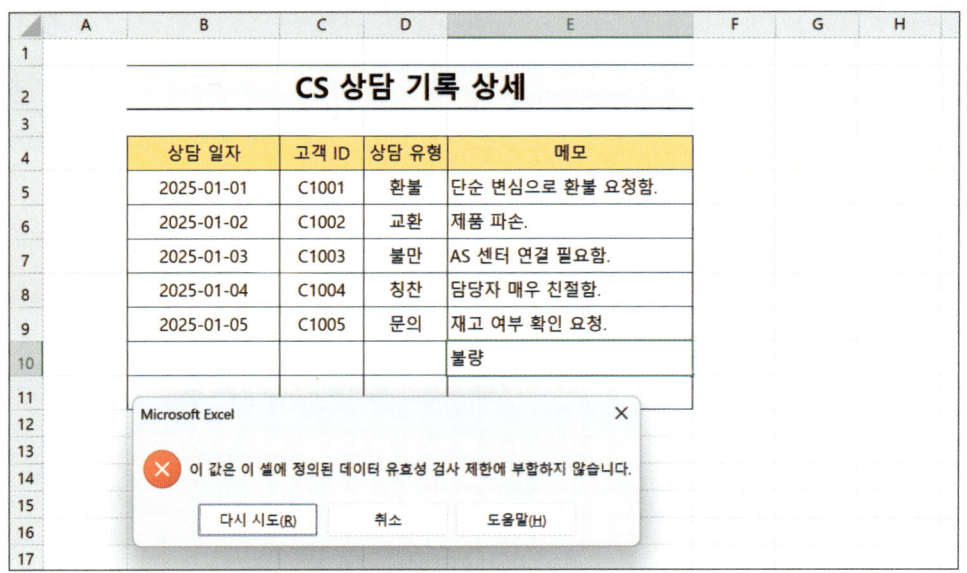

④ '거래처검색.xlsx' 파일을 불러와 '제품 번호'를 [G5:G9] 범위의 데이터로 목록을 만들고, VLOOKUP 함수를 이용해 선택한 제품 번호에 해당하는 '제품명', '단가', '거래처'가 자동 표시되도록 해 보세요.

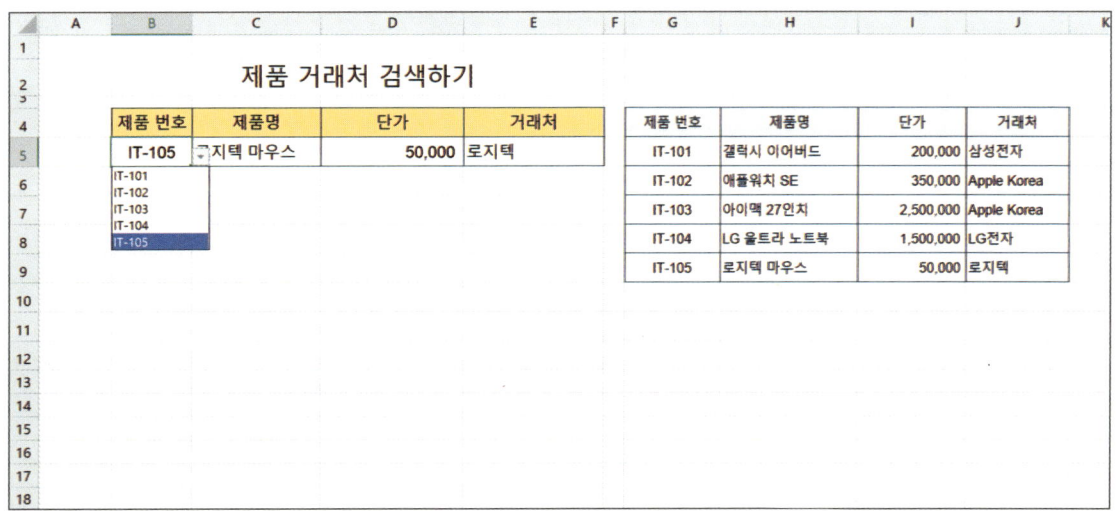

18 데이터 유효성 검사하기 • 109

Excel 2021

# 19 피벗 테이블로 데이터 정리하기
SECTION

수많은 데이터에서 핵심 정보를 빠르게 요약하고 분석하는 데 피벗 테이블이 사용됩니다. 피벗 테이블은 복잡한 목록 데이터를 드래그 앤드 드롭만으로 재구성하여 원하는 기준에 따라 분석하는 기능입니다.

## 1 피벗 테이블 만들기

① '피벗테이블.xlsx' 파일을 불러온 후 [B4:G17] 셀을 범위로 설정하고 [삽입] 탭에서 [표] 그룹의 [피벗 테이블]을 클릭합니다.

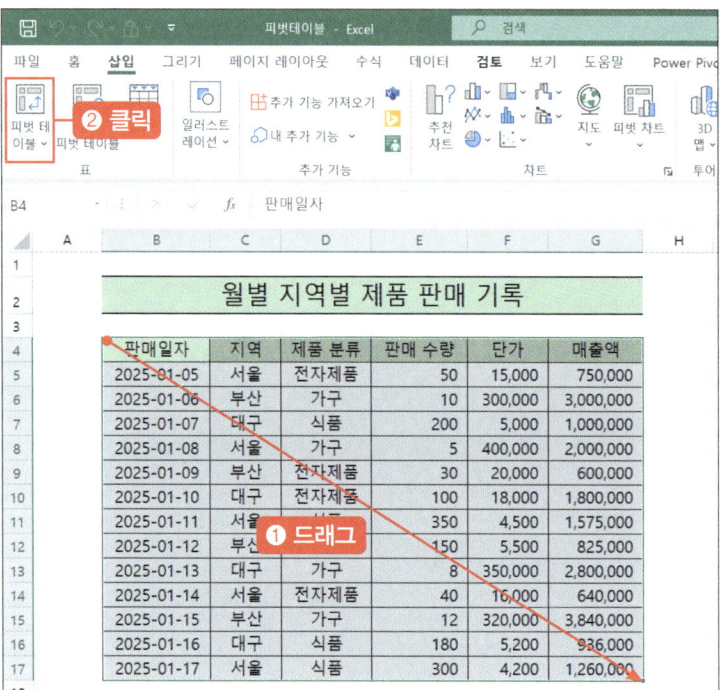

② [표 또는 범위의 피벗 테이블] 대화상자가 나타나면 '표/범위'가 'Sheet1!$B$4:$G$17'로, '피벗 테이블을 배치할 위치를 선택합니다.'는 '새 워크시트'로 선택 되었는지 확인한 후 [확인]을 클릭합니다.

**3** 'Sheet2'라는 새로운 워크시트에 피벗 테이블이 생성됩니다.

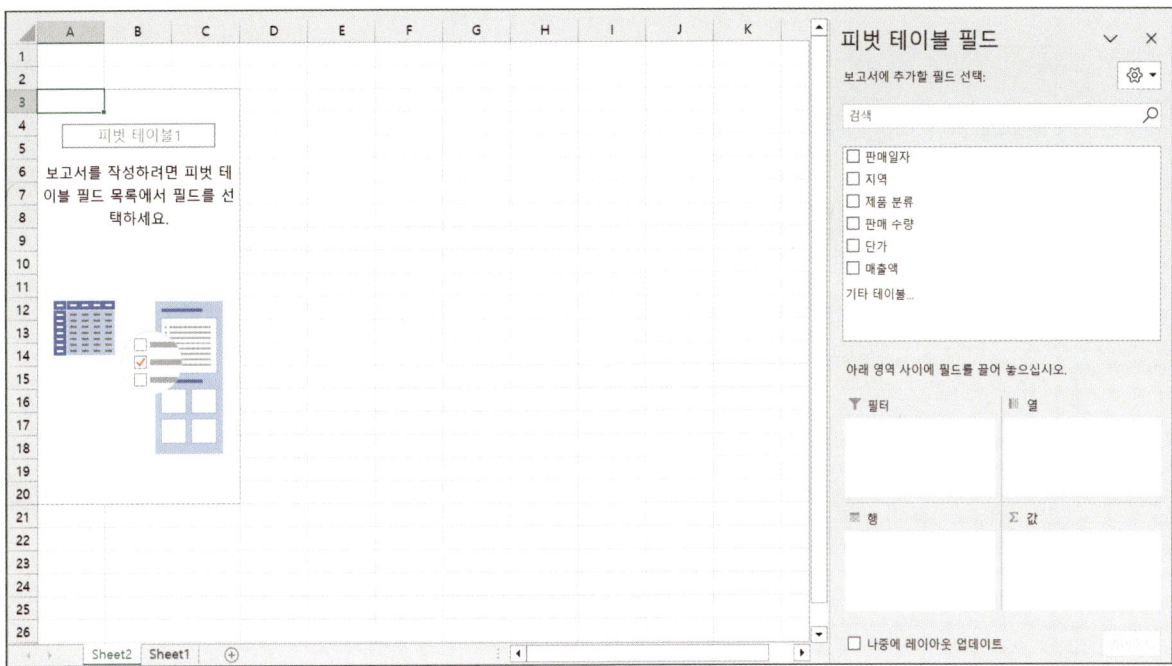

## 2 피벗 테이블 설정하기

**1** 오른쪽의 '피벗 테이블 필드'에서 '지역'을 선택하고 '행'으로 드래그합니다.

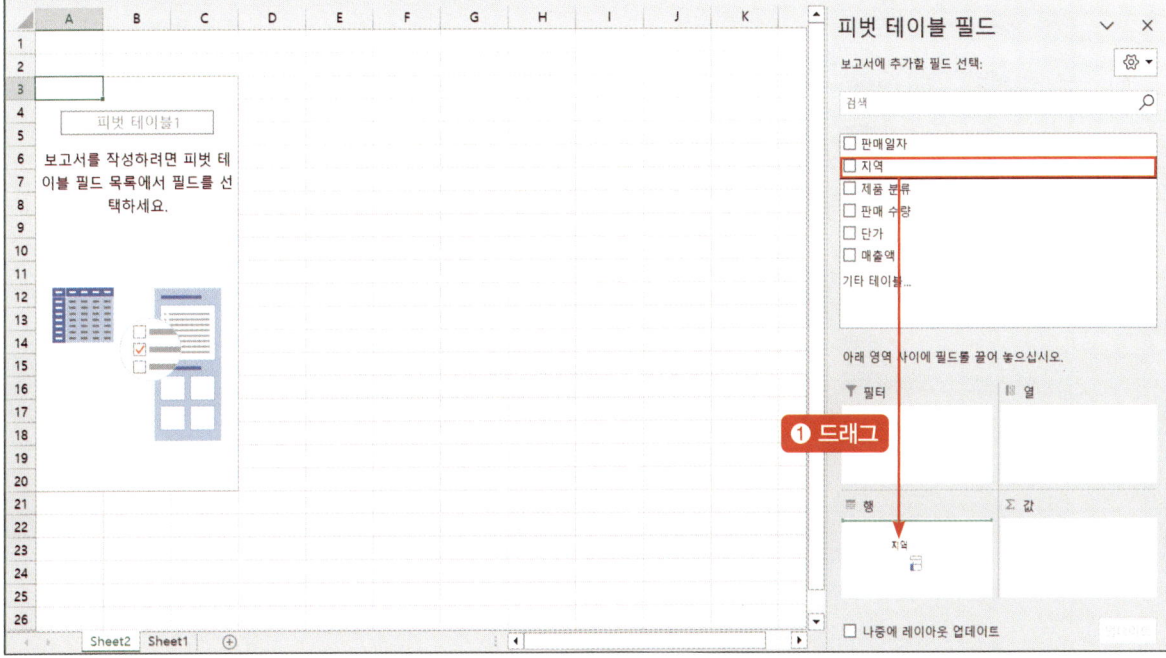

② [A] 열에 행 레이블과 함께 'Sheet1'의 지역이 표시됩니다. 이번에는 '피벗 테이블 필드'에서 '매출액'을 클릭한 채로 '값'으로 드래그합니다. [B] 열에 '합계:매출액'이 표시됩니다.

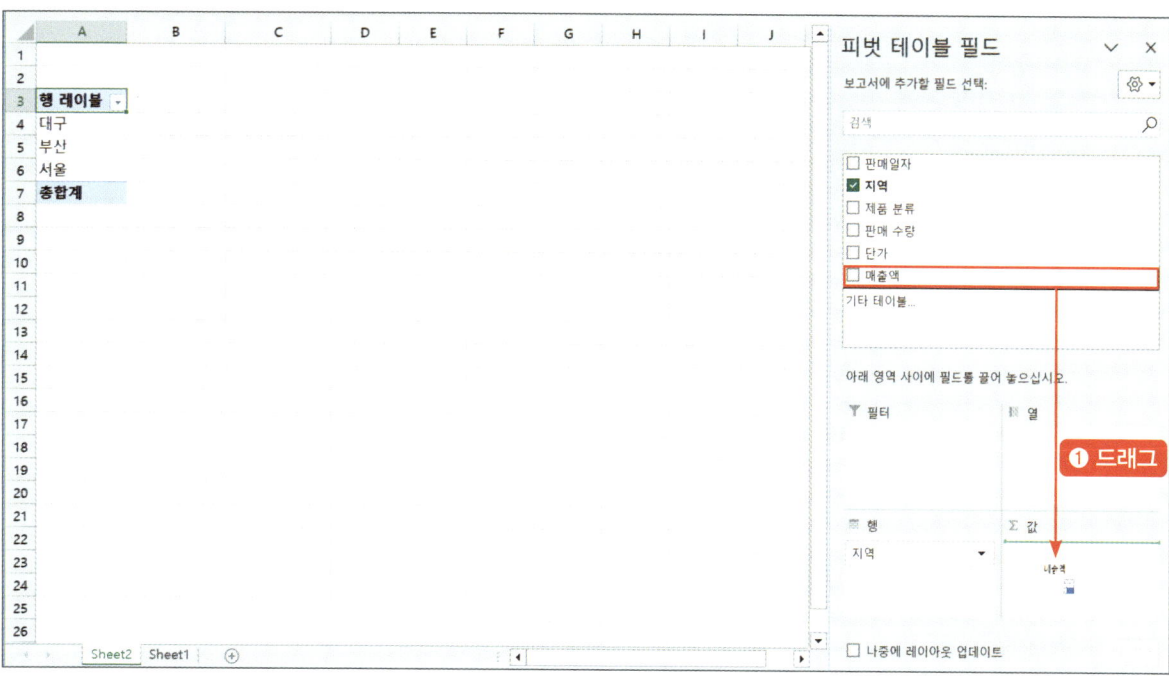

③ '피벗 테이블 필드'에서 '제품 분류'를 선택하면 '행'에 '제품 분류'가 추가되면서 워크시트의 각 지역 아래에 제품이 표시됩니다. '행'에 추가된 '제품 분류'를 클릭한 채로 '열'로 드래그합니다.

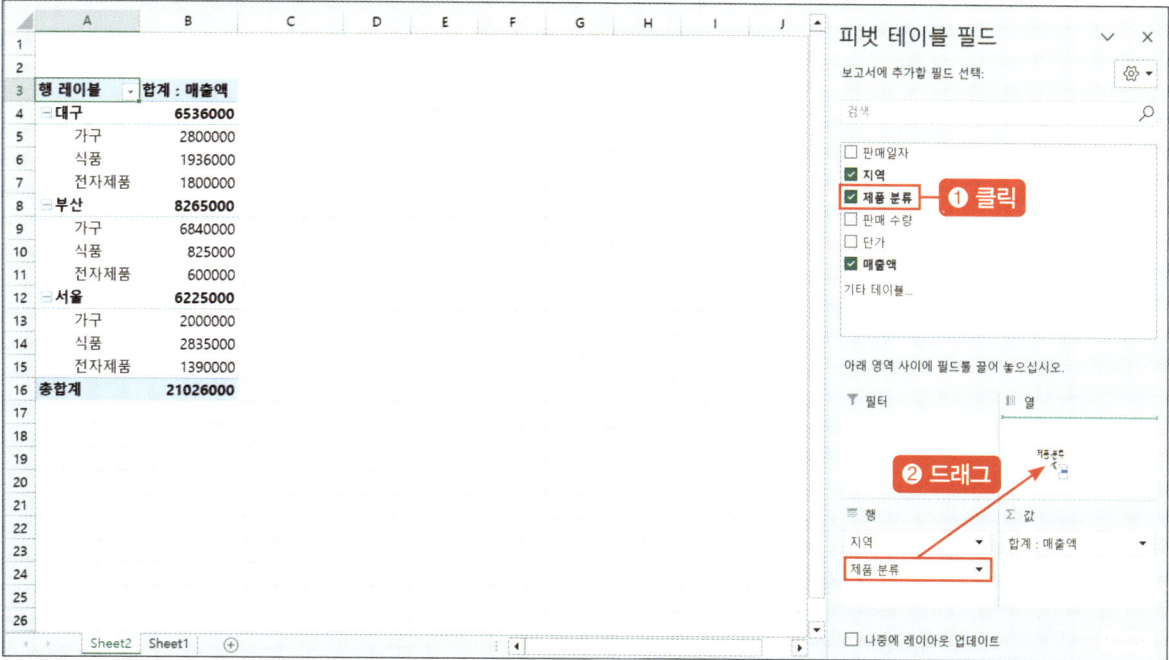

④ '가구', '식품', '전자제품'이 행에서 열로 변경됩니다. '판매일자'를 '필터'에 추가하면 1행에 판매일자가 표시됩니다. (모두)의 자동 필터 버튼을 클릭하면 날짜를 선택할 수 있습니다. [B] 열의 '열 레이블'의 자동 필터 단추를 클릭하여 제품 분류별로 각 지역의 매출액을 확인할 수 있습니다.

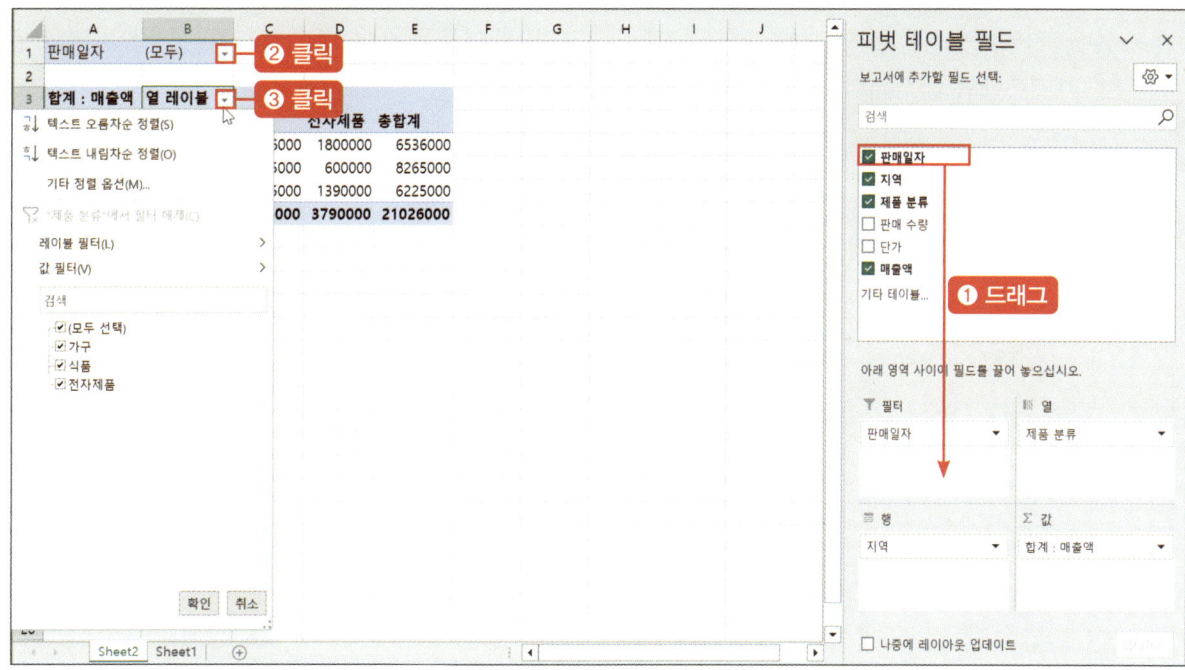

⑤ 피벗 테이블 필드에서 '필터', '열', '행', '값'에 추가된 필드를 삭제하려면 해당 필드를 클릭하고 [필드 제거]를 선택하면 됩니다.

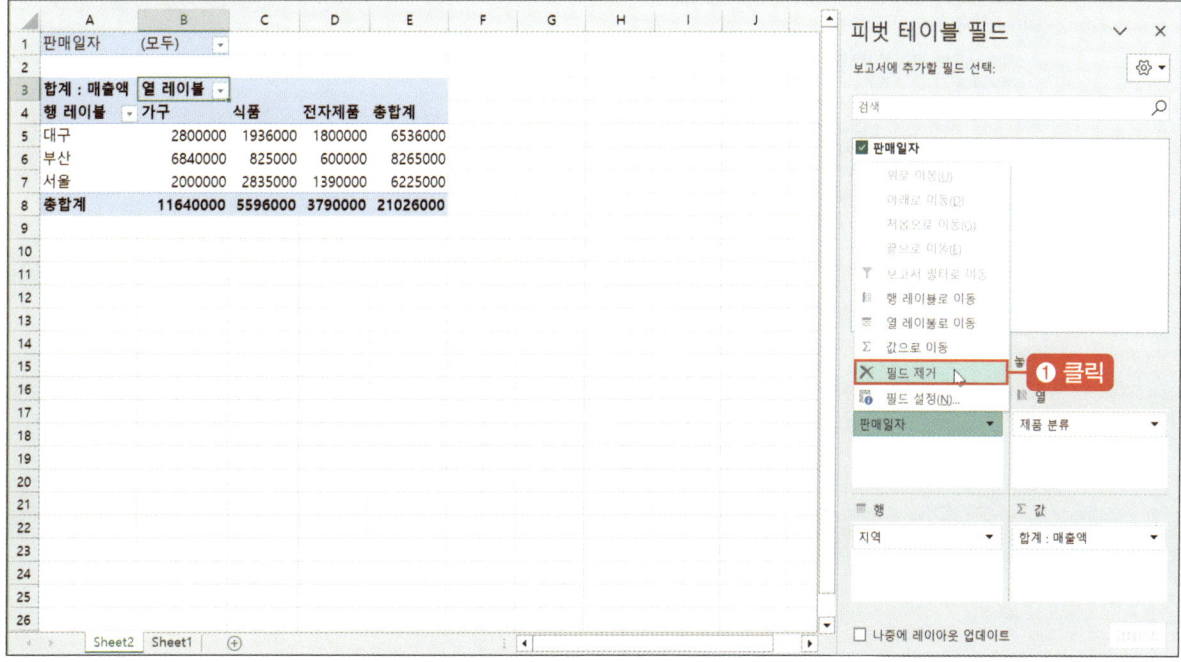

19 피벗 테이블로 데이터 정리하기 • 113

## 셀프 테스트

**1** '지역매출현황_피벗.xlsx' 파일을 불러와 피벗 테이블을 이용해 다음과 같이 각 지역의 분기별 매출액을 분석해 보세요.

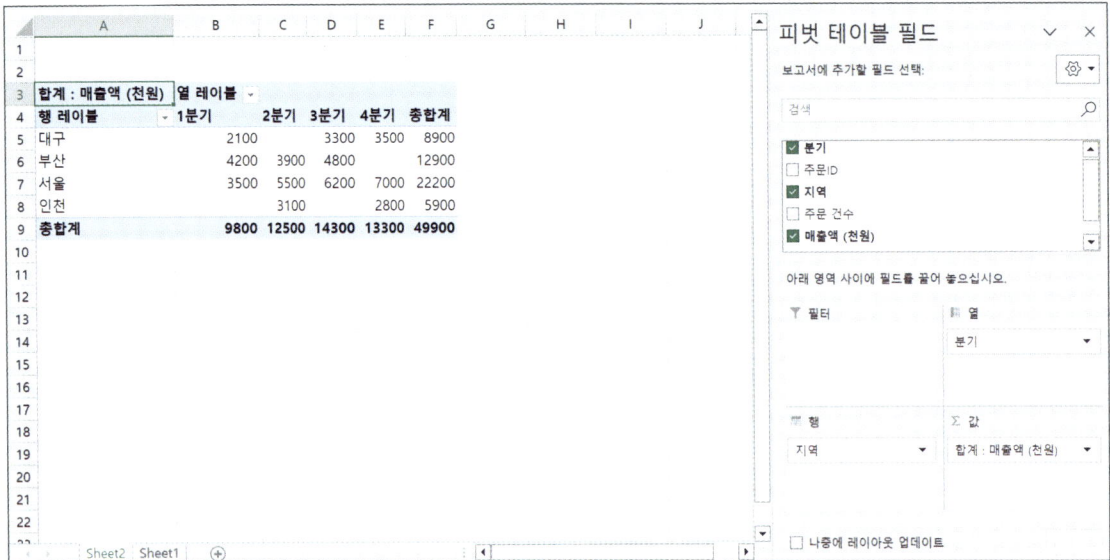

**2** '제품판매기록_피벗.xlsx' 파일을 불러와 판매 기간별 제품 판매액을 분석해 보세요.

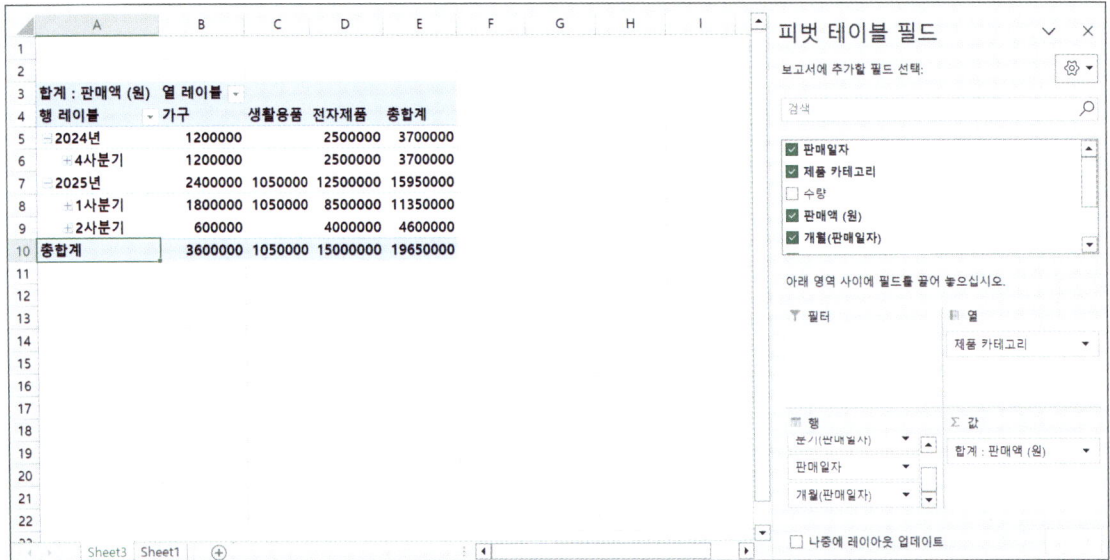

③ '판매현황_피벗.xlsx' 파일을 불러와 지역별 제품 판매액을 분석해 보세요.

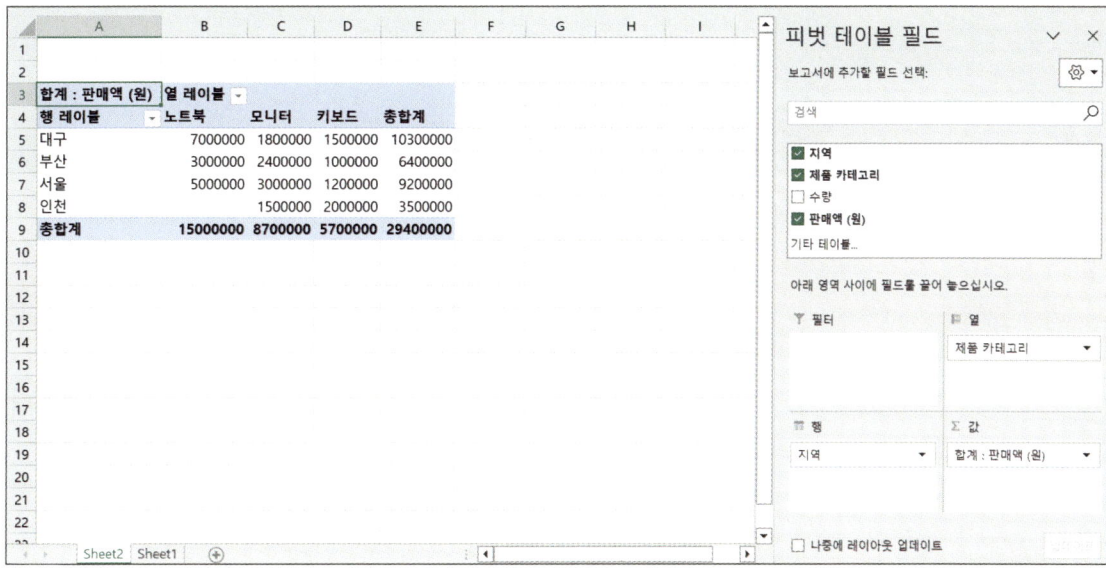

④ '월매출실적_피벗.xlsx' 파일을 불러와 담당자와 팀별 매출액을 분석해 보세요.

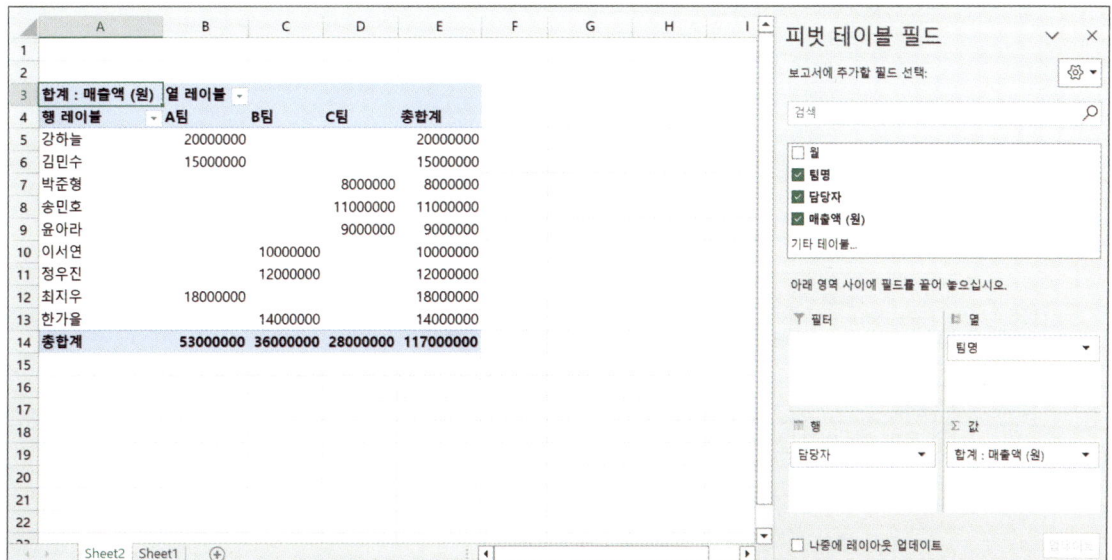

# 목표값 찾기와 데이터 표

Excel 2021
SECTION 20

엑셀의 가상 분석 기능을 통해 데이터의 미래를 예측할 수 있습니다. 목표값 찾기를 이용하면 결과 달성에 필요한 입력값을 역으로 계산할 수 있으며, 데이터 표 기능으로 조건 변화에 따른 다양한 시나리오를 한눈에 비교 분석할 수 있습니다.

## 1 목표값 찾기

1. '목표값_데이터표.xlsx' 파일을 불러옵니다. [C6] 셀을 선택하고 '=(C3*C4)+C5'를 입력하여 총수입을 구하고, [F4] 셀을 선택하고 '=(C3*F5)+C5'를 입력하여 목표 총수입을 구합니다.

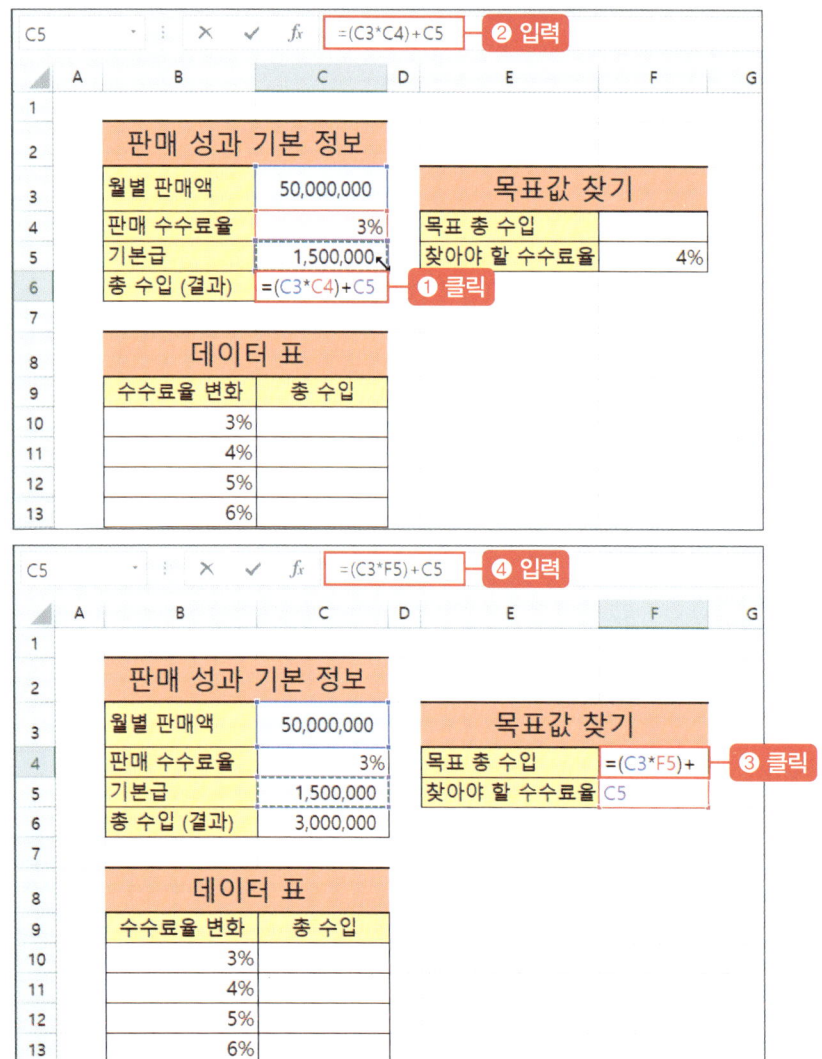

② [데이터] 탭에서 [예측] 그룹의 [가상 분석]-[목표값 찾기]를 선택합니다.

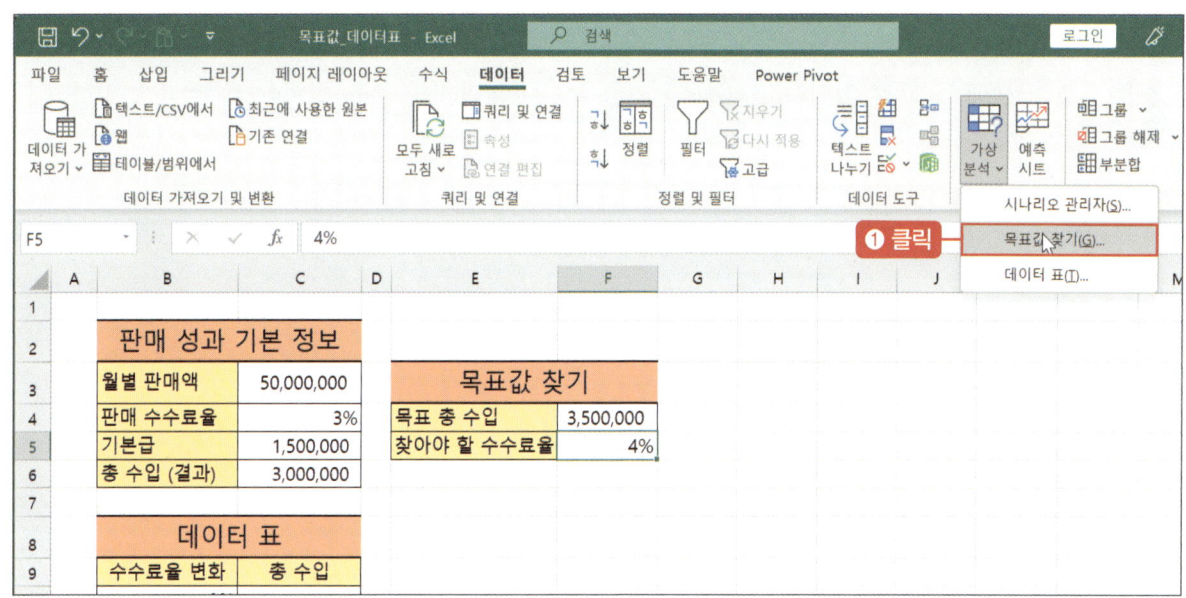

③ [목표값 찾기] 대화상자가 나타나면 '수식 셀'에 '$F$4', '찾는 값'은 '6000000', '값을 바꿀 셀'은 '$F$5'를 입력한 후 [확인]을 클릭합니다.

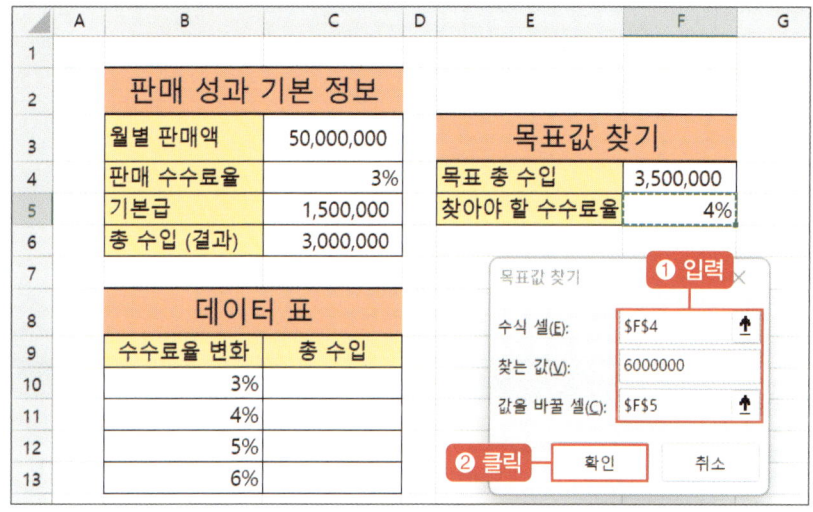

④ [목표값 찾기 상태] 대화상자로 변경되면서 [F4] 셀의 목표값 6,000,000원을 달성하기 위해 찾아야 할 수수료율이 9%로 변경됩니다.

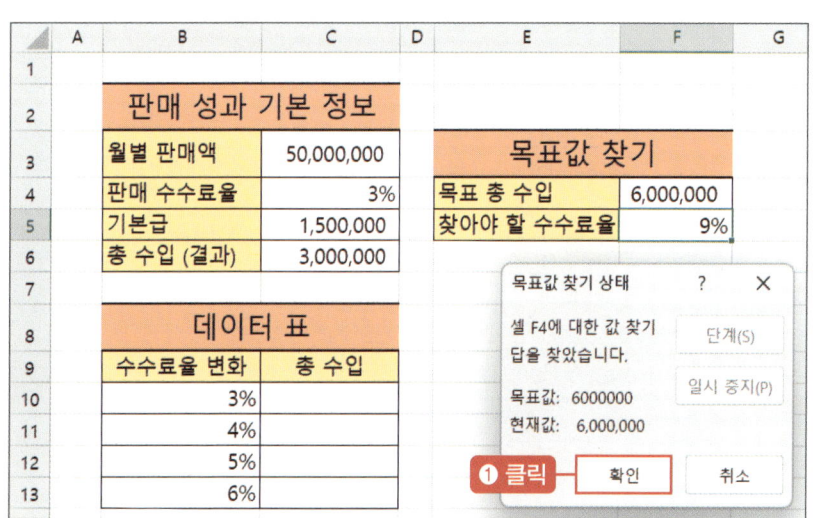

## 2 데이터 표

**1** [C10] 셀에 '=C6'을 입력하고 Enter 키를 누릅니다. [C10] 셀을 선택한 후 '='를 입력하고 [C6] 셀을 클릭해도 됩니다.

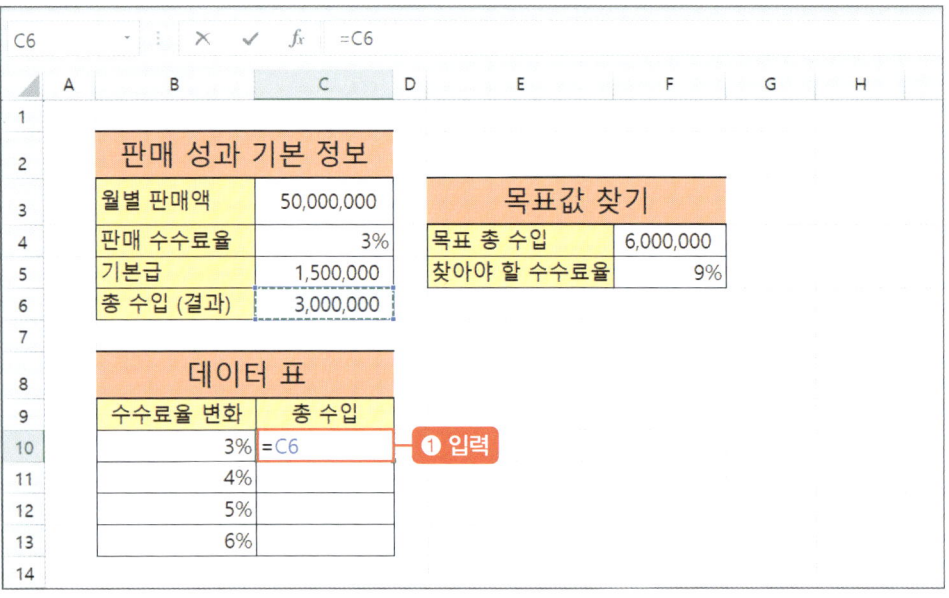

**2** [B10:C13] 셀의 범위를 지정하고 [데이터] 탭에서 [예측] 그룹의 [가상 분석]–[데이터 표]를 선택합니다.

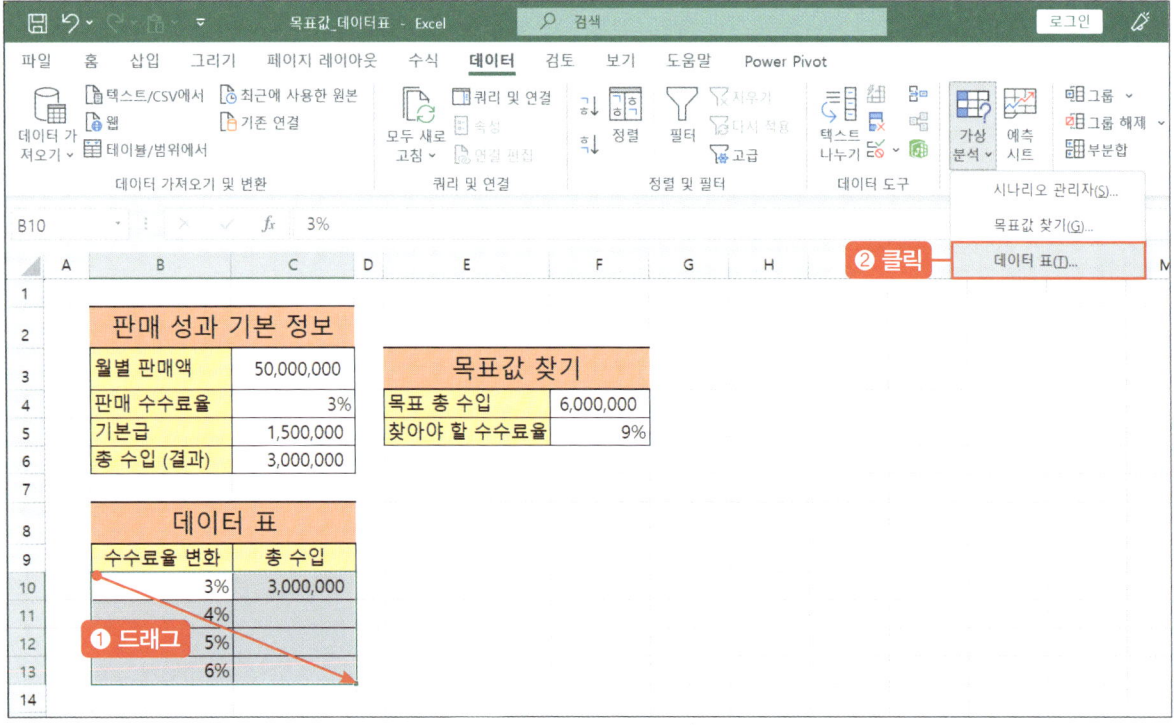

❸ [데이터 테이블] 대화상자가 나타나면 '열 입력 셀'을 선택하고 '$C$4'을 입력한 후 [확인]을 클릭합니다.

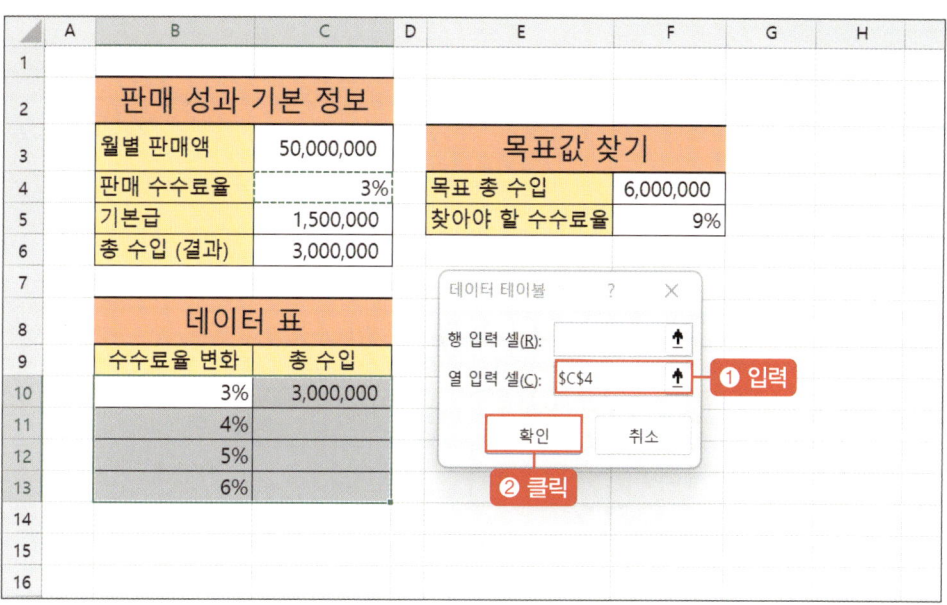

❹ [B10:B13] 셀의 수수료율에 따른 총수입이 입력됩니다.

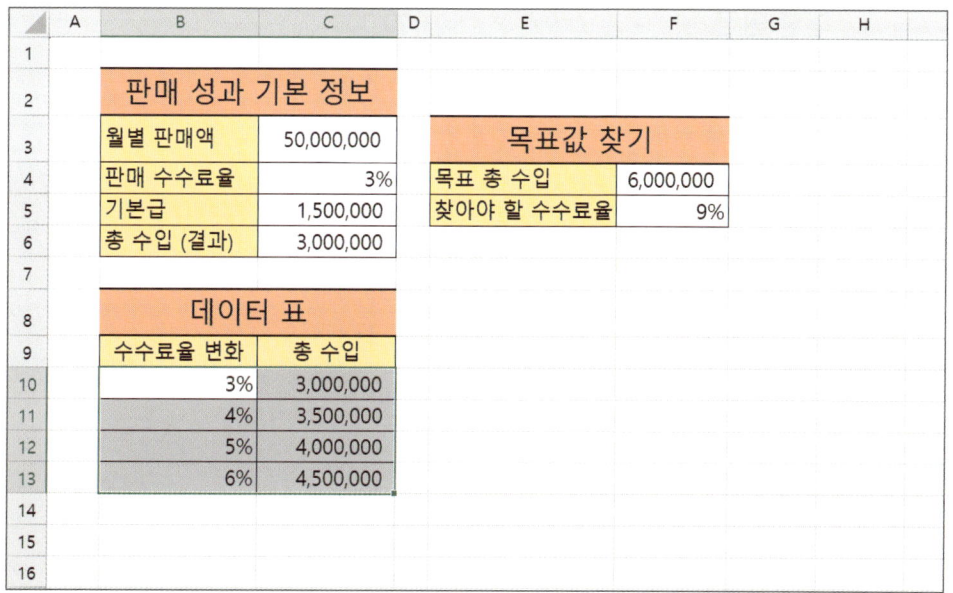

# 셀프 테스트

**1** '목표값.xlsx' 파일을 불러와 목표값 찾기를 이용해 이익률 100%를 달성하기 위한 원가를 구해 보세요.

### 제품별 이익률 분석

| 제품명 | 원가 | 판매 단가 | 이익률 |
|---|---|---|---|
| 프리미엄 텀블러 | 12,500 | 25,000 | 100% |

**2** '데이터표.xlsx' 파일을 불러와 데이터 표를 이용해 이자율 변화에 따른 월 상환액을 구해 보세요.

### 이자율에 따른 대출 상환액

|  |  |
|---|---|
| 대출 원금 | 50,000,000 |
| 상환 기간 | 120 |
| 변동 이자율 | 4.00% |
| 월 상환액 | 583,333 |

| 이자율 변화 | 월 상환액 |
|---|---|
|  | 583,333 |
| 3.00% | 541,667 |
| 3.50% | 562,500 |
| 4.00% | 583,333 |
| 4.50% | 604,167 |
| 5.00% | 625,000 |